図解法律コース5
店長のための法律知識

弁護士
小澤 和彦 =監修　総合法令出版=編
Kazuhiko Ozawa

通勤大学文庫
STUDY WHILE COMMUTING
総合法令

まえがき

本書『通勤大学　図解法律コース5　店長のための法律知識』は、小売・飲食業などの業界で店長や店舗マネジャーなどのポストに就いている方々、あるいはその候補者、志望者である方々に、店舗運営の責任者として「知っておくべき」「知らなかったではすまされない」法律の基礎知識を網羅的に解説したものです。

総務省の最新統計（「事業所・企業調査」）によると、現在日本には小売店舗が約280万店舗、飲食店舗が約140万店舗存在し、経済の根幹としての役割を果たしています。店舗の運営にはさまざまな法律が関係してきますが、多くの店長やマネジャーはこれらの法律について事前に十分な教育や研修を受けないまま、そのポストに就き、日々の仕事をこなしながら学んでいくか、実務を本社の管理部に一任しているのが実情のようです。もちろん、店舗の第一の使命は売上増大ですから、販売促進のための業務が優先されるのもやむをえませんが、法律武装を怠った結果、店舗や店長自身が思わぬトラブルに巻き込まれるケースが近年増えています。

たとえば、店舗にとって必要不可欠な労働力であるパートタイマーやアルバイトなどに

対して、今後は正社員と待遇上で差別することはできなくなります。彼らを賃金、労働時間、休日、福利厚生などの面で法律に則った形で適切に処遇しなければ、モチベーションが下がり店舗でのサービスが低下して、結果的に売上向上の障害になる可能性もありますし、当然のことながら違法行為として労働基準監督署の是正指導を受けたり、裁判に発展する可能性もあります。「店員一人ひとりが活き活きと働いている売場こそが利益を生み出す」という当たり前の観点に立ってパートタイマーやアルバイトを使用するためにも、店長として労働法の基本知識をマスターしておくことは必須だと言えるでしょう。

また、近年は食品偽装や毒物混入を代表とするさまざまな消費者関連事件が起こっています。第一の責任はそれらの問題を起こした製造業者や輸入業者にあるのは当然ですが、それらを販売した店舗にも衛生管理上の責任が及ぶほか、お客様である消費者との信用問題にも大いに関わってきます。したがって、事件を未然に防ぐための予防措置、事件発生後の適切な措置がとれるよう、店舗自身が自らが扱う商品や業種に応じて、きちんと法律遵守を図る必要があります。

さらに、最近は売上向上のための店舗人員削減のしわ寄せが、店長自身へ重くのしかかっています。従来、店長は「管理職」として労働基準法の適用除外者とされ、過度の残業

や休日出勤などを強いられてきましたが、最近の判決では勤務の実態に応じて店長もまた労働者と見なし、労働法の保護を受ける対象とするケースが増えています。店長自身も1人の労働者として、自らの権利を主張する時代になったということです。

以上のような問題意識のもと、本書はパートタイマーやアルバイトなどの労務管理を中心に、その他業種や扱う商品・サービスごとに店舗運営に関係してくる主要な法律の解説、店長自身の法律的立場などにについて、説明しています。

また、本書は難解な法律知識の基礎を短時間で学んでいただくために、1テーマを見開き2ページの図解つきで解説しています。ぜひ通勤時間などの隙間時間を有効に活用していただければ幸いです。

最後に、本書は店舗運営に必要な法制度の概略を短時間で理解していただくことを目的にしておりますので、紙面の都合で個々の法律の説明については概略にとどめています。詳細な内容については、必ず関係省庁や弁護士などの専門家に確認をお願いいたします。

総合法令出版

目次

まえがき……3

第1章 店長の法律的地位と義務、責任

1 店長の法的地位と義務、責任……16
2 使用者としての店長の法律的立場……18
3 管理監督者としての店長の法律的立場……20

第2章 パートタイム労働者の採用

1 パートタイム労働者とは……24
2 改正パートタイム労働法のポイント①……26
3 改正パートタイム労働法のポイント②……28

第3章 パートタイム労働者の契約締結・更新・解除

1 有期労働契約① 契約期間……46

2 有期労働契約② 契約の締結・更新時の注意点……48

3 自己都合退職……50

4 解雇① 解雇の原則……52

5 解雇② 解雇予告と解雇予告手当……54

4 求人・募集の際の注意事項……30

5 採用の際の注意事項① 質問内容の制限……32

6 採用の際の注意事項② 個人情報の管理……34

7 労働条件の明示①……36

8 労働条件の明示②……38

9 就業規則① 労働条件と就業規則……40

10 就業規則② 就業規則の作成と変更の手続き……42

第4章　パートタイム労働者の労働条件

6 解雇③　普通解雇……56
7 解雇④　懲戒解雇……58

1 賃金①　正社員との格差是正……62
2 賃金②　賃金支払の5原則……64
3 賃金③　最低賃金と減給……66
4 賃金④　割増賃金……68
5 賃金⑤　非常時払い・休業手当……70
6 労働時間①　法定労働時間と所定労働時間……72
7 労働時間②　時間外労働・休日労働……74
8 労働時間③　時間外労働と休日労働の制限……76
9 労働時間③　労働時間の管理……78
10 休憩……80

第5章 パートタイム労働者の福利厚生

11 休業・休暇① 休日と休暇……82
12 休業・休暇② 年次有給休暇……84
13 休業・休暇③ 育児休業・看護休暇……86
14 休業・休暇④ 介護休業……88
15 休業・休暇⑤ 女性への特別な配慮……90

1 教育訓練と福利厚生施設の利用……94
2 正社員への転換……96
3 短時間雇用管理者の選任……98
4 安全衛生管理体制と安全衛生教育……100
5 健康診断……102
6 労働組合……104
7 紛争解決……106

第6章　その他の労働者の労務管理

1　派遣労働者①　派遣労働のしくみ……124
2　派遣労働者②　派遣期間……126
3　高年齢者の雇用……128
4　児童、年少者、未成年者の雇用……130
5　障害者の雇用……132
8　セクシュアル・ハラスメント……108
9　労災保険①　制度のあらまし……110
10　労災保険②　業務災害での労災認定の条件……112
11　労災保険③　通勤災害での労災認定の条件……114
12　雇用保険……116
13　社会保険……118
14　労働基準監督署による調査……120

6 外国人の雇用……134

第7章　契約に関する法律知識

1 契約の成立と契約書……138
2 契約の機能……140
3 契約書……142
4 領収書……144
5 署名と記名押印……146
6 印鑑の種類……148
7 印紙……150
8 手形① 手形とは……152
9 手形② 手形の裏書と不渡り……154
10 フランチャイズ契約① ビジネスのしくみ……156
11 フランチャイズ契約② 契約締結における注意事項……158

12 フランチャイズ契約③　法定開示書面……160

第8章　店舗運営に関わるさまざまな法律の概略

1 風営法……164
2 薬事法……166
3 美容師法・理容師法……168
4 製造物責任法（PL法）……170
5 食品衛生法……172
6 特定商取引法……174
7 独占禁止法……176
8 不当景品類及び不当表示防止法（景品表示法）……178
9 道路交通法……180
10 騒音規正法……182
11 消防法……184

12 バリアフリー法（旧ハートビル法）……186
13 身体障害者補助犬法……188
14 大規模小売店舗立地法（大店立地法）……190
15 暴力団対策法（暴力団新法）……192
16 軽犯罪法……194
17 迷惑防止条例……196
18 著作権法……198
19 肖像権……200
20 商標法……202
21 不正競争防止法……204
22 個人情報保護法……206

装丁　八木美枝　本文図版　横内俊彦　本文イラスト　藤田めぐみ

※本書の内容は2008年4月1日現在の法令等に基づいています。
※本書では紙面の都合により、一部の法律については略称を用いています。予めご了承ください。
(例) パートタイム労働法……正式名称「短時間労働者の雇用管理の改善等に関する法律」
高年齢者雇用安定法……正式名称「高年齢者等の雇用の安定等に関する法律」
障害者雇用促進法……正式名称「障害者の雇用の促進等に関する法律」
男女雇用機会均等法……正式名称「雇用の分野における男女の均等な機会及び待遇の確保等に関する法律」
育児・介護休業法……正式名称「育児休業、介護休業等育児又は家族介護を行う労働者の福祉に関する法律」

第1章
店長の法律的地位と義務、責任

1 店長の法的地位と義務、責任

一口に「店長」と言っても、それは店舗のトップあるいは責任者という立場を表しているだけで、法律に店長の法的地位やその責任が明文化されているわけではありません。

実際、同じ店長でも、個人事業主あるいはその店舗を運営する企業の代表取締役や取締役などが店長を務めている場合もあれば、企業の一般社員が店長を務めている場合もあります。そこで店長の法的立場からその責任について説明すると、次のようになります。

① **個人事業主が店長の場合**

個人事業主は第三者（取引先、債権者、消費者）に対して無限責任を負わなくてはなりません。つまり、店舗が倒産した際に残った借金などの債務、店舗がお客様に対してケガなどを負わせた場合の責任は原則としてすべて個人事業主が背負わなくてはなりません。

② **会社の経営者（代表取締役を含む取締役）が店長の場合**

会社組織にしている店舗の場合、店舗が倒産した際の負債や店舗がお客様に対して負わ

第1章　店長の法律的地位と義務、責任

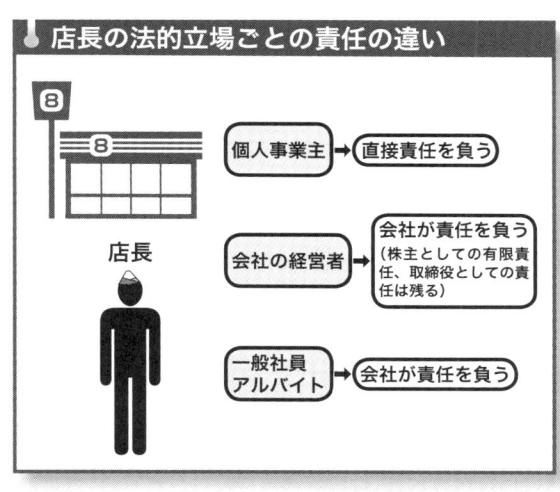

店長の法的立場ごとの責任の違い

- 個人事業主 → 直接責任を負う
- 会社の経営者 → 会社が責任を負う（株主としての有限責任、取締役としての責任は残る）
- 一般社員・アルバイト → 会社が責任を負う

せた損害などに対する責任は、会社が負うことになるので、取締役自身が負うことは原則としてありません（株主である場合は出資額に応じた責任を負います＝有限責任）。ただし、会社法で取締役の任務懈怠があまりにひどかったり、重大な不注意があった場合は被害者が直接取締役の責任を追及し、損害賠償を求めることができるとしています。

③ 一般社員・アルバイトなどが店長の場合

社員もアルバイトも労働者として事業主や会社に雇用されている立場にあります。したがって、第三者に対する直接的な責任が及ぶことはありません。ただし、ミスによって第三者を被害に遭わせた場合、内部的に解雇や降格などの処分に問われる可能性があります。

2 使用者としての店長の法律立場

労働基準法では、労働者に対する存在として「使用者」という言葉を使っています。労働者が労働法によってさまざまな保護を受けるのに対して、使用者は逆に労働法によって労働者を守るためのさまざまな義務と責任を負います。

労働基準法ではこの使用者を「①事業主または②事業の経営担当者、その他③その事業の労働者に関する事項について、事業主のための行為をするすべての者」と定義しています。この①〜③を具体的に説明すると次のようになります。

① 事業主……個人事業の場合は個人事業主、会社などの場合は法人そのもの
② 事業の経営担当者……法人の代表取締役や取締役などの会社役員
③ その事業の労働者に関する事項について、事業主のための行為をするすべての者……部長や工場長、支店長など、会社の各事業における人事や労務などに権限と責任を持つ者

第1章 店長の法律的地位と義務、責任

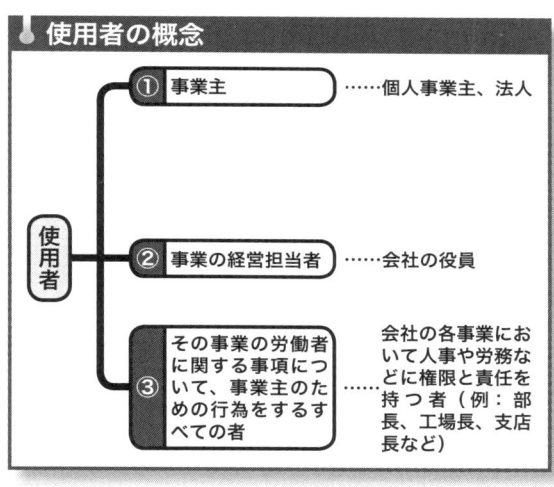

店舗における店長もこれらの定義のいずれかに該当する可能性が高いと言えます。②や③に該当する場合は会社で働いているという意味では一般の労働者と同じですが、法律上は労働者とは見なされず、使用者として労働法による保護の対象外となります。

なお、会社によっては、取締役でありながら労働者としての業務を兼職している人がいます。これら使用人兼務役員については、取締役の肩書きが名目上だけであったり、役員報酬よりも労働者として受け取る賃金の方が多いなど、労働者性が強いと認められれば、労働者と見なされることもあります。

3 管理監督者としての店長の法律的立場

労働基準法は労働時間や休憩、休日、賃金などについての一般規定を定めていますが、①農業、畜産、養蚕、水産業に従事する者、②監督もしくは管理の地位にある者、③機密の事項を取り扱う者、④監視・断続的労働に従事する者、の4種類の労働者については、業務上労働時間を厳格に管理することがなじまないという理由により、これらの一般規定が適用されない旨を定めています。

店舗の店長についても、従来いわゆる「管理監督者」として②に該当すると見なされ、前出の労働基準法の一般規定の対象外とされてきました。つまり、法定労働時間を大幅に超える労働時間や休日や休暇の返上、残業代や割増賃金の不払いが当然視されてきました。

ところが、近年この考え方に異を唱える訴訟が相次ぎ、企業側が敗訴するケースが増え、企業の中には従来の考え方を改め、店長を「管理監督者」扱いしない動きが出てきました。

店長が管理監督者にあたるかどうかについては、以下の行政通達を基準にして、勤労の

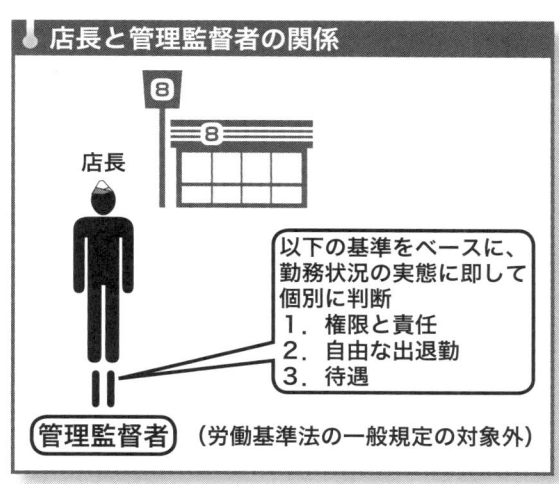

実態に即して個別に判断されることになりますが、多くの店舗の店長はこれらの基準に合致しない「名ばかり管理職」と見られ、今後の労働条件の改善が期待されています。

① 権限と責任……部下の労務管理を行ったり、人事考課について最終判断を下すなど、職務内容や職務遂行上、使用者と一体的立場にあると言えるほどの権限と責任を持っているか
② 自由な出退勤……出退勤について、自己の裁量で労働時間をコントロールできるほど自由度が高いか
③ 待遇……基本給や役職手当、賞与の額などについて、一般労働者と比較して、管理監督者としての地位にふさわしい処遇を受けているか

第2章 パートタイム労働者の採用

1 パートタイム労働者とは

店舗を支える労働力として欠かせないのが、いわゆるパートタイマーやアルバイトなどと呼ばれる短時間労働者です。人手不足を補う戦力として、あるいは企業の人件費削減の目的から、今や日本の労働者の約4分の1を占めるまでに増えた反面、正社員との待遇格差が長らく問題となってきました。

短時間労働者は「短時間労働者の雇用管理の改善等に関する法律（いわゆる「パートタイム労働法」）」に、「1週間の所定労働時間が、同一の事業所に雇用される通常の労働者の1週間の所定労働時間に比べて短い労働者」と定義されていることからわかるとおり、正社員との違いは1週間の労働時間の長さにすぎません。具体的には、1～2割程度の短さとされています。

また、短時間労働者も正社員と同様、労働基準法上の労働者であり、同法をはじめ、最低賃金法、労働安全衛生法、労働者災害補償保険法、男女雇用機会均等法などの規定を適

第2章 パートタイム労働者の採用

パートタイム労働者の定義

1週間の所定労働時間が同一の事業所に適用される通常の労働者の1週間の所定労働時間に比べて短い労働者

パートタイム労働者

用しなければなりません。また、一定の要件を満たしている場合は、育児・介護休業法、雇用保険法、健康保険法、厚生年金保険法を適用する必要があります。

なお、短時間労働者は、雇用者によって、パートタイマーやアルバイトの他にも、フリーター、嘱託、準社員、臨時社員、契約社員などのさまざまな呼ばれ方をされています。

しかし、冒頭で説明した「1週間の労働時間が正社員に比べて短い労働者」という定義に合致すれば、法律的にはすべて短時間労働者となり、パートタイム労働法の規定を適用させなくてはなりません。

本書では、これらの短時間労働者を以後、「パートタイム労働者」と表記します。

2 改正パートタイム労働法のポイント①

正社員とパートタイム労働者の待遇格差を是正することを目的に、1993年いわゆるパートタイム労働法が施行され、さらにその改正版が2008年4月1日から施行されました。この改正版パートタイム労働法のポイントは以下のような点です。

① **労働条件の文書交付義務**

パートタイム労働者を雇い入れる際、使用者が一定の労働条件（36ページ〜38ページ参照）を文書などで明示することが義務づけられました。

② **待遇決定にあたっての考慮事項の説明義務**

雇い入れの後、パートタイム労働者から求めがあった場合は、使用者は待遇の決定にあたって考慮した事項を説明することが義務づけられました

③ **正社員との均衡のとれた待遇の確保の促進**

「通常の労働者と同視すべきパートタイム労働者」の待遇を正社員と差別的に取り扱うこ

改正パートタイム労働法のポイント

① 労働条件の文書交付義務

② 待遇決定にあたっての考慮事項の説明義務

③ 正社員との均衡のとれた待遇の確保の促進

④ パートタイム労働者から正社員への転換の促進

⑤ 苦情処理・紛争解決援助

とを禁止したほか、その他のパートタイム労働者についても、その働きかたに応じて、賃金の決定や教育訓練、福利厚生施設の利用において、正社員と均衡のとれた待遇を確保することが義務化されました（62ページ、94ページ参照）。

④ パートタイム労働者から正社員への転換の推進

正社員への転換を推進するための措置が使用者に義務づけられました（96ページ参照）。

⑤ 苦情処理・紛争解決援助

パートタイム労働者と使用者の間のトラブルを自主的に解決することの努力義務化と、紛争解決援助の仕組みの整備が加えられました（106ページ参照）。

3 改正パートタイム労働法のポイント②

改正パートタイム労働法では、パートタイム労働者を次の4つに分類しています。

① 正社員と同視すべきパートタイム労働者……職務（業務の内容や責任の程度）が正社員と同じで、契約期間の定めがなく（期間の定めがあっても、更新を繰り返すことにより実質的に期間の定めがない状態を含む）、退職するまでの全雇用期間、人材活用のしくみ（職務内容や配置の変更）が正社員と同じと見込まれるパートタイム労働者
② 正社員と職務および人材活用の仕組みが同じパートタイム労働者……職務と一定期間の人材活用のしくみが正社員と同じパートタイム労働者
③ 正社員と職務が同じパートタイム労働者……職務が正社員と同じパートタイム労働者
④ 正社員と職務も異なるパートタイム労働者……職務が正社員と異なるパートタイム労働者

以上の4類型ごとに正社員との処遇格差是正措置をまとめたのが次ページの表です。

パートタイム労働者の種類ごとの待遇格差是正措置

パートタイム労働者の態様	通常の労働者と比較して 職務	通常の労働者と比較して 人材活用の仕組み	契約期間	賃金 職務関連(基本給・賞与・退職手当)	賃金 それ以外(通勤手当など)	教育訓練 職務遂行に必要な能力を付与するもの	教育訓練 それ以外のもの(ステップアップを目的とするもの)	福利厚生施設の利用 健康の保持または業務の円滑な遂行に資する施設の利用	福利厚生施設の利用 それ以外のもの(慶弔休暇、社宅の貸与など)
①正社員と同視すべきパートタイム労働者	同じ	同じ	無期または反復更新により無期と同じ	◎	◎	◎	◎	◎	◎
②正社員と職務および人材活用の仕組みが同じパートタイム労働者	同じ	同じ	一定期間は同じ	□	—	○	△	○	—
③正社員と職務が同じパートタイム労働者	同じ	異なる	—	△	—	○	△	○	—
④正社員と職務も異なるパートタイム労働者	異なる	異なる	—	△	—	△	△	○	—

[講じる措置]
◎……パートタイム労働者であることによる差別的取扱いの禁止
○……実施義務・配慮義務
□……同一の方法で決定する努力義務
△……職務の内容、成果、意欲、能力、経験などを勘案する努力義務

4 求人・募集の際の注意事項

パートタイム労働者の求人募集にあたっては、次のような点に気をつけましょう。

① 実際と異なる条件で募集してはならない

実際と異なる労働条件で求人募集を行った場合、職業安定法などによって処罰の対象となることがあります。

② 男女の差別的取扱いをしないこと

求人内容における男女の差別的取扱いは、男女雇用機会均等法により禁止されています。

差別的取扱いには、直接的なものと間接的なものがあります。

・直接的差別……「男性のみ募集」「女性のみ募集」「ウェイター募集」「ウェイトレス募集」のように、募集を一方の性別に限定したり特定するほか、「女性のみ未婚者に限る」「女性のみ自宅通勤者に限る」のように男女間で異なる条件を設けたり、これらの条件を満たすものを優先して採用すること

求人・募集活動の際に注意すべき法律

① 職業安定法
……実際と異なる虚偽の労働条件で募集を行ってはならない

② 男女雇用機会均等法
……求人・募集の際に男女間で「差別的取扱い」を行ってはならない

③ 雇用対策法
……年齢を限定した求人・募集を行ってはならない

※この他、高年齢者雇用安定法（128ページ）、障害者雇用促進法（132ページ）などにも注意

・間接的差別……合理的な理由なく、身長・体重・体力を要件とするなど、結果的に一方の性別に不利となる条件を設定すること

ただし、夜間警備員のように防犯上の理由で男性であることが求められるなど、合理的な理由がある場合は、性別を限定して募集することも認められます。

③ 年齢を限定して募集しないこと

「25才まで」などのように年齢を限定した募集も雇用対策法によって原則として禁止されています。ただし、高年齢者の雇用促進を目的に対象を60歳以上に限定した募集のように、厚生労働省令によって年齢制限が認められるケースもあります。

5 採用の際の注意事項① 質問内容の制限

使用者には「採用の自由」が認められており、何人採用するか、採用方法は何にするかなどは原則として使用者の自由とされています。

ただし、その一方、使用者には採用は公正を期して行う義務が課せられています。たとえば、前項で説明した性別による差別的取扱いや年齢制限のほか、労働組合への不加入を条件とするような採用も禁止されています。

また、法律で定められているわけではありませんので、厚生労働省からの指針により、面接で下記のような行為は避けるべきとされていますので、注意しましょう。

① **本人に責任のない事項を面接などで質問すること**
・本籍や出生地に関すること
・家族状況に関すること（職業、続柄、健康、地位、学歴、収入、資産など）
・住宅環境に関すること（間取り、部屋数、住宅の種類、近郊の施設など）

第2章 パートタイム労働者の採用

面接では採用と関係のない本人のプライバシーに関することを聞いてはいけません

- 生活環境、家庭環境に関すること（生い立ちなど）
- スリーサイズ、恋人の有無など

② **本来自由であるべき事項を面接などで質問すること**

- 宗教、支持政党、人生観、生活信条、尊敬する人物、思想に関すること
- 労働組合や学生運動、消費者運動など社会運動への加入に関すること
- 購読新聞、雑誌、愛読書などに関すること

③ **その他**

- 身元調査などの実施
- 合理的、客観的に必要性が感じられない採用選考時の健康診断の実施

6 採用の際の注意事項② 個人情報の管理

2005年にいわゆる「個人情報保護法」が制定され、個人情報（氏名、電話番号、住所、メールアドレス、生年月日、血液型、学歴・職歴、健康状態など）を扱う事業者が守るべき義務や個人情報を不正に使った場合の罰則が定められました。

パートタイム労働者の求人募集や採用面接の際、事業者はたいてい履歴書や職務経歴書を提出させますが、この履歴書も個人情報の集まりとして、使用者は特に注意を払って扱わなければなりません。

具体的には以下のような点に気をつけましょう。

① 個人情報保護法の対象となる事業者

個人情報保護法は5000人以上の個人情報を保有する事業者に適用されます。これは現在の労働者数だけではなく、その家族や退職者、不採用者、営業活動で集めた顧客や見込客など、事業者として保有している個人の情報が5000人分以上という意味です。

個人情報取扱事業者の義務

① 利用目的の特定と利用目的による制限

② データ内容の正確性の確保と安全管理措置

③ 第三者提供の制限

④ 個人情報への本人の関与

⑤ 苦情の処理

② **個人情報の取扱いにあたっての義務**

・履歴書や職務経歴書を提出させる場合、その利用目的（例 選考や配属の決定、人事考課）などを本人に伝えなければなりません。また、利用目的はできるだけ特定し、その範囲を超える場合はあらかじめ本人の同意を得なければなりません。

・原則として個人情報は本人の同意なしに第三者（子会社やグループ会社も含む）へ提供してはなりません。

・すべての個人情報について本人の知りうる状態にしなくてはいけません。

・個人情報の取扱いに関する苦情の適切かつ迅速な処理に努めるため、必要な社内体制整備に努めなくてはなりません。

7 労働条件の明示①

労働契約は、労働者が使用者に対して労働に従事することを約束し、使用者がこれに対して報酬を支払うことを約束したものです。

労働契約は双方の合意があれば、口頭でも成立しますが、後日トラブルが発生した際に労働者の不利益にならないよう、使用者は労働契約を締結・更新する際に、労働者に労働条件を明示する義務があります。したがって、使用者は労働者に対して労働条件を明記した雇用契約書や雇入通知書などを労働者に交付しなければなりません。違反者には30万円以下の罰金が課されます。

この労働条件には必ず書面で明示しなくてはならない絶対的明示事項と、就業規則などに定めのある場合のみ明示しなくてはならない相対的明示事項があります。

①**絶対的明示事項（昇給に関する事項以外は必ず文書で明示）**

労働契約の期間、就業場所および従事すべき業務の内容、始業および終業時刻、所定労

第2章 パートタイム労働者の採用

労働条件

絶対に明示しなければならない事項（※昇給に関する事項以外は書面で）

- 労働契約の期間
- 就業場所、従事すべき業務
- 始業および終業時刻、所定労働時間を超える労働の有無
- 休憩時間、休日、休暇、就業時転換に関する事項
- 賃金の決定、計算、支払の方法、賃金の締め切り、支払日、昇給に関する事項
- 退職に関する事項（解雇となる事由も含む）

規定があれば明示しなければならない事項（書面 or 口頭）

- 退職手当の定めが適用される労働者の範囲、退職手当の決定、計算および支払の方法ならびに支払時期に関する事項
- 臨時の賃金、賞与および最低賃金に関する事項
- 労働者に負担させる食費、作業用品などに関する事項
- 安全、衛生に関する事項
- 職業訓練に関する事項
- 災害補償および業務外の傷病扶助に関する事項
- 表彰、制裁に関する事項
- 休職に関する事項

働時間を超える労働（早出や残業など）の有無、休憩時間、休日・休暇ならびに就業時転換（交代勤務などの配置）に関する事項、賃金の決定・計算・支払いの方法、賃金の締め切り・支払時期、昇給に関する事項、退職に関する事項（解雇となる事由を含む）

② 相対的明示事項（定めのある場合のみ、口頭の明示でも可）

退職手当の定めが適用される労働者の範囲、退職手当の決定・計算・支払いの方法および支払時期、臨時に支払われる賃金・賞与（ボーナス）および最低賃金に関する事項、労働者に負担させる食費・作業用品などに関する事項、安全・衛生、職業訓練、災害補償・業務外の傷病扶助、表彰・制裁、休職

8 労働条件の明示②

前項で説明したのは、労働基準法によって、すべての労働者に対して使用者が明示を義務づけられている事項ですが、2008年4月1日から施行された改正パートタイム労働法では、パートタイム労働者を雇い入れる際に使用者はこれらに加えて、「昇給・退職手当・賞与の有無」についても文書（パートタイム労働者が希望した場合は電子メールやファックスでも可）で明示することが義務づけられることになりました。これに違反した事業主は10万円以下の過料が科せられます。また、使用者はパートタイム労働者から求められた場合は、待遇を決定する際に考慮した事項を説明する義務が科せられています。

さらに、パートタイム労働者の多くは3カ月とか6カ月などと期間をあらかじめ定めた有期労働契約ですが、契約締結時に、契約更新の有無や更新の判断基準、契約締結後の契約内容の変更がある場合はその旨を明示することも、使用者には義務づけられています。

参考としてパートタイム労働者用の雇用通知書の雛形を次ページに掲載します。

第2章 パートタイム労働者の採用

労働条件通知書の例

労働条件通知書

年　月　日

_____殿
事業場名称・所在地
使用者職氏名

契約期間	期間の定めなし
	期間の定めあり（　　年　月　日～　　年　月　日）
更新の有無	1. 更新の有無（イ自動的に更新、ロ更新する場合有り、ハ更新しない） 2. 契約の更新は、次のいずれかにより判断します。 　・契約期間満了時の業務量　・従事している業務の進捗状況 　・会社の経営状況・あなたの能力、勤務成績、勤務態度 　・その他（　　　　　　　　　　　　　　　　　　　　　　　　）

就業の場所		従事すべき 業務の内容	

始業・終業 の時刻、休 憩時間、就 業時転換、 所定時間外 労働の有無	1. 始業・終業の時刻等 　始業（　時　　分）～終業（　時　　分） 【変形労働時間制が労働者に適用される場合その概要】 （　　　　　　　　　　　　　　　　　　　　　　　　　　　　） ○詳細は、就業規則第　条～第　条 2. 休憩時間（　　）分 3. 所定時間外労働の有無（有、無）休日（有、無）

休　日	・定例日；毎週（　　）曜日、国民の祝日、その他（　　　　　　） ・非定例日；週・月当たり（　　）日、その他（　　　　　　　　） ・1年単位の変形労働時間制の場合－年間（　　）日 ○詳細は、就業規則第　条～第　条

休　暇	1. 年次有給休暇　雇入れの日から6か月継続勤務した場合→（　　）日 2. その他の休暇　有給（　　　　　　　　）、無給（　　　　　　） ○詳細は、就業規則第　条～第　条

賃　金	1. 基本給　イ　月給・日給・時間給（　　　円） 　　　　　　ロ　その他の制度 　　（　　　　　　　　　　　　　　　　　　　　　　　　　　　） 2. 諸手当の額及び計算方法 　イ（　　　手当　　円　/計算方法：　　　　　　　　） 　ロ（　　　手当　　円　/計算方法：　　　　　　　　） 　ハ（　　　手当　　円　/計算方法：　　　　　　　　） 3. 所定時間外、休日又は深夜労働に対して支払われる割増賃金率 　イ　所定時間外　法定（　　）％、所定超（　　）％、 　ロ　休　日　法定休日（　　）％、法定外休日（　　）％、 　ハ　深夜（　　）％ 4. 賃金　締切日（毎月　日）、支払日（毎月　日） 5. 労使協定に基づく賃金支払時の控除（無，有（　　　　　）） 6. 昇給（有（時期等　　　　　　　　　　　　　　　）、無） 7. 賞与（有（時期、金額等　　　　　　　　　　　　　）、無） 8. 退職金（有（時期、金額等　　　　　　　　　　　　）、無）

退　職	1. 定年制（　有（　　歳），無） 2. 自己都合退職の手続（退職日の（　　）日以上前に届け出ること） 3. 解雇の事由及び手続（　　　　　　　　　　　　　　　　　　） ○詳細は、就業規則第　条～第　条

その他	・社会保険の加入状況 （　　　　　　　　　　　　　　　　　　　　　　　　　　　　）

9 就業規則① 労働条件と就業規則

前項で説明した労働条件の明示事項の多くは、すでに就業規則で定められている場合が多く、労働条件通知書に就業規則を添付すれば明示義務を果たしたことになります。

この就業規則は事業場における労働条件（労働時間、休憩、休日、休暇、賃金など）や職場の規律を定めたもので、常時10人以上の労働者（パートタイム労働者も含む）を使用する使用者には、作成と所轄の労働基準監督署への届出が義務づけられています。

パートタイム労働者を雇用している場合、正社員とは別個にパートタイム労働者用の就業規則を作成するか、正社員用の就業規則の中に特別規定としてパートタイム労働者用の規定を設ける形のいずれかをとります。後者の場合、正社員とパートタイム労働者の労働条件の違いが明確になっていなければ、正社員用の規定をパートタイム労働者にも適用しなければならないので、注意しましょう。

パートタイム労働者用の就業規則を作成する場合、正社員とは異なる部分（有期雇用契

就業規則は事業所の目につく場所に備えつけるなどして、労働者に周知させる必要があります

約の更新の有無と更新の場合の条件、福利厚生施設の利用に関する定めなど）について必ず明記します。

なお、常時10人以上の労働者がいない場合、就業規則を作成する法律的な義務はありませんが、労働者1人ひとりと個別に契約する煩雑さが生じたり、場合によっては労働者ごとに労働条件がバラバラとなって、職場が無秩序になる恐れが出てきますので、就業規則を作成しておくことが望ましいと言えます。

また、就業規則は事業所の見やすい場所に掲示または備え付けたり、書面で配布したり、常にパソコンで閲覧できるなどの形で、パートタイム労働者に周知させる必要があります。

10 就業規則② 就業規則の作成と変更の手続き

就業規則の作成や変更を行う場合、使用者はその事業場で働く労働者の過半数で組織する労働組合（ない場合は労働者の過半数を代表する者）の意見を聴かなければなりません。意見を聴くことが義務づけられているだけで、同意を得る必要はなく、使用者が一方的に定める権限を持っていますが、作成・変更された就業規則を労働基準監督署に届け出る際に彼らの意見書を添付しなくてはなりません。

同様に、パートタイム労働者用の就業規則の作成や変更を行う場合も、事業場で働くパートタイム労働者の過半数を代表する者の意見を聴かなくてはなりません。「パートタイム労働者の過半数を代表する者」とは、次の2つの要件を満たす必要があります。

① 管理または監督の地位にある者ではないこと
② 就業規則の作成などについての意見聴取の対象者を選出することを明らかにして実施される投票や挙手などの方法で選出された者であること

就業規則の作成・変更

```
就業規則の作成・変更
    ↓
労働者の過半数で組織する労働組合（ない場合は労働者の過半数を代表する者）へ意見聴取
※ただし同意を得る必要なし
    ↓
上記意見書を添付して、所轄の労働基準監督署に届出
    ↓
常時、社内の見やすい場所に掲示や備え付けて周知する
```

なお、就業規則はその内容が憲法や労働法などの法令で定められた水準を下回っていたり、労働組合との間に締結された労働協約（105ページ参照）の内容に反するものであってはなりません。その場合、労働基準監督署は変更命令を出すことができます。また、就業規則が労働者にとって不利益な内容に変更される場合は、その理由が合理的かどうかがポイントとなります。

また、就業規則とは異なる内容の労働条件で個別に労働契約を結ぶことは可能ですが、その労働契約の労働条件の中に就業規則で定められた基準に達していない部分があった場合、その部分については就業規則の規定が適用されます。

第3章 パートタイム労働者の契約締結・更新・解除

1 有期労働契約① 契約期間

労働契約には、契約期間を定めるもの（有期労働契約）と終身雇用を前提に契約期間を定めないものがあります。パートタイム労働者の場合、一般的には3～6カ月間とか1年間などの契約期間を定め、必要に応じて更新する形が多くとられています。

有期労働契約は、契約期間が満了すれば自動的に終了します。契約期間中に使用者と労働者のいずれかから解消を申し出ることは、やむをえない理由がないかぎり、認められません。やむを得ない理由があったとしても、契約解除によって一方に損害が発生する場合は、他方に損害賠償責任が発生します。

また、有期労働契約の契約期間は、労働基準法で原則として3年が上限とされており、それ以上の期間の契約を交わすことはできません。したがって、さらに長く雇用したい場合はその都度契約を更新することになります。そして、1年を超える有期労働契約を締結した労働者は労働契約の初日から1年が経過した日以降は、使用者に申し出ることによっ

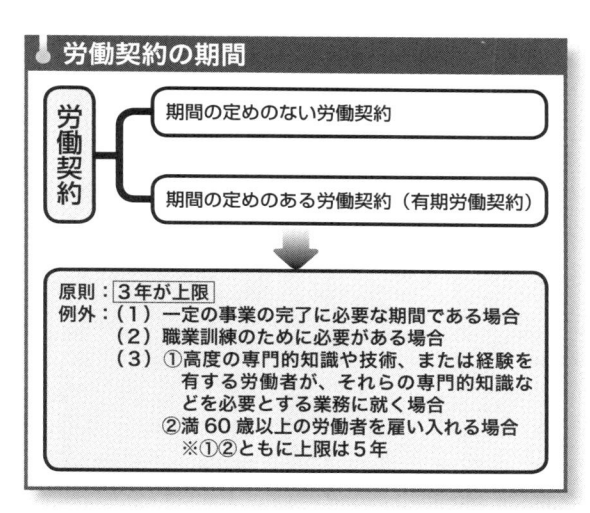

第3章　パートタイム労働者の契約締結・更新・解除

労働契約の期間

労働契約
├ 期間の定めのない労働契約
└ 期間の定めのある労働契約（有期労働契約）
　　↓
原則：**3年が上限**
例外：(1) 一定の事業の完了に必要な期間である場合
　　　(2) 職業訓練のために必要がある場合
　　　(3) ①高度の専門的知識や技術、または経験を有する労働者が、それらの専門的知識などを必要とする業務に就く場合
　　　　 ②満60歳以上の労働者を雇い入れる場合
　　　※①②ともに上限は5年

ていつでも退職することができます。

なお、以下の条件に当てはまるケースでは3年の上限の例外とされます。

① 一定の事業（例　土木・建設工事など）の完了に必要な期間である場合
② 職業訓練のために必要がある場合
③ 契約期間の上限を5年とできる以下の場合

・厚生労働大臣が定める基準に該当する高度な専門知識や技術、または経験を有する労働者が、それらの専門的知識などを必要とする業務に就く場合
・満60歳以上の労働者を雇い入れる場合

2 有期労働契約② 契約の締結・更新時の注意点

厚生労働省の告示では、契約満期終了後の更新をめぐるトラブルを避けるために、有期労働契約を締結したり更新する際に、使用者に次のような事項を義務づけています。

①契約締結の明示事項

事業主は契約を締結した際に、労働者に対して契約満了時の契約更新予定の有無、および更新する場合の判断基準を明示しなければなりません。判断基準を明示しない場合、無条件に契約更新可能＝実質的に「期間の定めのない契約」と見なされ、更新しないと不当解雇と判断されることもあるので注意しましょう。さらに、契約締結後にその更新の有無や判断基準を変更する場合はすみやかに労働者にその内容を明示しなくてはなりません。

②雇止めの予告

雇入日から起算して1年を超えて継続勤務している労働者で、契約締結時に契約を更新する旨あるいは更新する場合がある旨を明示していたにもかかわらず、次回満了時に契約

第3章 パートタイム労働者の契約締結・更新・解除

有期労働契約締結時の明示事項の記載例

①契約更新の有無
- 自動的に更新
- 更新する場合有り
- 更新しない

②契約更新する場合の判断基準
- 契約期間満了時の業務量
- 従事している業務の進捗状況
- 会社の経営状況
- 能力、勤務成績、勤務態度

③雇止めの理由の明示

事業主は、雇止めの予告後あるいは雇止めを更新しない(「雇止め」と言います)場合、事業主はその労働者に対して契約期間満了の少なくとも30日以上前にその予告をするように努めなければなりません。

後に、労働者が雇止めの理由に関する証明書の交付を請求したときは、遅滞なくこれを交付しなければなりません。

このほか、使用者は1回以上更新し、また雇入日から起算して1年を超えて継続勤務している有期労働契約の労働者が契約更新する際には、契約の実態およびその労働者の希望に応じて、できるかぎり契約期間を長くするよう努めなければなりません。

3 自己都合退職

　労働者が自己の都合により労働契約を解約して退職する場合、期間の定めがない契約の場合は原則として14日以上前に使用者に申し出れば、自由に退職することができます。また、有期労働契約の場合は、労働契約の初日から1年を経過した日以後は、労働者は使用者に申し出ることにより、いつでも退職することができます。

　この申出は口頭でも可能ですが、「退職願」や「退職届」など書面で行うのが一般的です。「退職願」は退職の承諾を使用者に願い出ることを意味しますので、使用者がこれを承認した時点で正式に退職の申出となります。したがって、使用者が承認する前であれば撤回も可能です。一方、「退職届」は労働者が使用者に対して一方的に退職を通告することを意味しますので、これが受理された時点で退職の申出となります。したがって、使用者の同意がなければこれを撤回することはできません。

　ただし、本来退職する理由がないにもかかわらず誤って（錯誤）退職届を出してしまっ

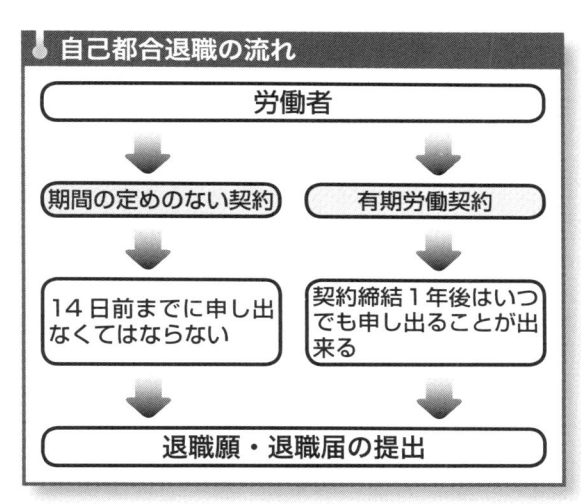

自己都合退職の流れ

```
        労働者
   ┌──────┴──────┐
期間の定めのない契約   有期労働契約
       ↓              ↓
14日前までに申し出   契約締結1年後はいつ
なくてはならない    でも申し出ることが出
              来る
   └──────┬──────┘
    退職願・退職届の提出
```

たり、「本来なら懲戒解雇だが辞表を出せば自己都合退職にしてあげよう」などと使用者に騙されたり（詐欺）、脅されて（強迫）、無理矢理に退職届を提出してしまったような場合は、退職の申出（意思）を撤回することができます。

同様に、使用者が解雇ではなく自己都合退職させる意図で、労働者に対して退職を暗に示唆したり、勧奨するなどの行為をすることがあっても、労働者はこれに応じる義務はありません。逆に暴力や嫌がらせなどの度が過ぎる退職勧奨があった場合は、退職強要として、労働者は使用者に損害賠償を請求することができます。

4 解雇① 解雇の原則

前項で説明した自己都合退職(辞職)は労働者の側から一方的に労働契約の解消を行うものでしたが、本項で説明する解雇は逆に使用者の側から一方的に労働契約を打ち切ろうとするものです。

両者とも「一方的に」という部分では同じですが、自己都合退職の場合は労働者側の理由は問題とされないのに対し、解雇の場合は使用者側に正当な理由が求められるという点で、難度が異なります。これは使用者と労働者とではその力関係に大きな差があり、正当な理由がない一方的な解雇は労働者に多大な不利益をもたらすからです。

この解雇権の濫用の制限については、長年の議論を経て、2003年の労働基準法改正によって、同法18条の2に、次のとおり明確に規定されました。

「解雇は、客観的に合理的な理由を欠き、社会通念上相当であると認められない場合は、その権利を濫用したものとして、無効とする」

第3章 パートタイム労働者の契約締結・更新・解除

法律で禁止されているケース

〈期間〉

①業務上の負傷や疾病で療養中の期間およびその後30日間
②女性の産前（6週間）産後（8週間）休業中の期間およびその後30日間

〈理由〉

①国籍・信条・社会的身分を理由とする解雇
②監督機関（行政官庁、労働基準監督署）への申告を理由とする解雇
③性別を理由とする解雇
②労働組合の組合員であることや加入を理由とする解雇
③女性労働者に対する婚姻・妊娠・出産・産前産後休業の取得を理由とする解雇
④育児介護休業の申出や取得を理由とする解雇

また、労働基準法やその他の法律により、上の表にあるような場合には、使用者は労働者を解雇することができません。これらの規定は当然ながら正社員だけでなく、パートタイム労働者にも適用されなければなりません。

なお、解雇はその内容によって次の2つに分類することができます。

① **普通解雇**
経営上の理由に基づいて行われる解雇（整理解雇）と、それ以外に労働者の非違行為や能力や適格性、業務外の私傷病などを理由に行われる解雇があります。

② **懲戒解雇**
労働者の非違行為に対する懲戒処分としての解雇です。

5 解雇② 解雇予告と解雇予告手当

使用者が労働者を解雇する場合、労働者が経済的に大きな影響を受けることが予想されます。そこで、労働基準法は使用者にこれを事前に労働者に予告する義務を課しています。

具体的には、使用者は労働者を解雇する場合には、少なくとも30日以上前に予告しなければなりません。予告をしないで即時解雇をする場合は、**解雇予告手当**として30日分以上の平均賃金を支払わなくてはなりません。また、予告から解雇まで30日未満の場合は、30日に満たない日数分の平均賃金を支払わなければなりません。

パートタイム労働者も、期間の定めのない契約で雇用している場合はもちろん、有期労働契約の途中で解雇する場合は、以上のような手続が必要です。

ただし、次のようなケースでは、使用者は労働基準監督署の認定を受けることにより、解雇予告や解雇予告手当なしで即刻解雇できるとされています。

① 天災事変その他やむを得ない事由のために事業の継続が不可能となった場合(例 天災

解雇予告

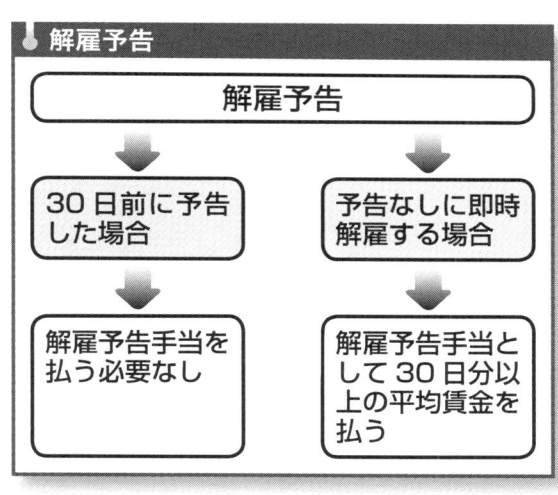

```
         解雇予告
    ↓              ↓
30日前に予告     予告なしに即時
した場合         解雇する場合
    ↓              ↓
解雇予告手当を    解雇予告手当と
払う必要なし      して30日分以
                  上の平均賃金を
                  払う
```

やそれに匹敵するほどの不可抗力により、事務所や工場などが焼失したり、倒壊し、事業の継続が困難となった場合）

② 労働者の責に帰すべき事由に基づいて解雇する場合（例 労働者に盗難や横領などの重大な服務規律違反や背信行為があった場合）

また、以下に該当する者の場合は解雇予告なしに解雇ができるとされます。

① 日々雇い入れられる者（ただし1カ月を超えて継続使用されるに至った場合は例外）
② 2カ月以内の期間を定めて使用される者
③ 季節的業務に4カ月以内の期間を定めて使用される者
④ 試用期間にあって試用期間開始から14日未満の者

6　解雇③　普通解雇

普通解雇には、経営上の理由に基づいて行われるもの（整理解雇）と、それ以外に労働者の能力や適性などを理由に行われるものがあります。

① 整理解雇

使用者が経営状況の悪化を理由に、人件費削減を目的に行う解雇で、いわゆる人員整理、リストラのことです。労働者自身に問題があって行う解雇ではなく、また労働法に明確な規定がないことから、実際に整理解雇が認められるには相当な理由が必要とされます。

これまでの判例・学説から、具体的には次の4つの要件を満たす必要があると考えられています。

・人員削減の必要性……経営上、人員削減を行うべき合理的な理由があるか
・解雇回避努力義務……役員報酬カットや新規採用停止、希望退職募集、一時帰休の募集、配転、出向など解雇を回避するためのあらゆる手段を尽くしたか

整理解雇の4要件

※整理解雇を行うには、以下4つの要件をすべて満たす必要がある

① **人員削減の必要性があること**

② **解雇を回避する努力をしたこと**

③ **被解雇者の人選に合理的理由があること**

④ **整理手続きに適法性があること**

- 整理基準と人選の合理性……被解雇者の人選は恣意的ではなく、合理的な基準（勤務成績、年齢、雇用形態など）かつ公平な判断によって行われているか
- 説明・協議義務……労働者や労働組合に対して、経営状況や整理解雇の必要性と内容について誠実に説明したか

② その他、労働者の非違行為や能力、適格性、私傷病などを理由に行われる解雇

勤務態度不良や刑事訴追された場合など、本来は懲戒解雇に相当するもののあえて普通解雇として処理するものか、労働者の能力や適格性、あるいは業務外の傷病を理由とする解雇がありますが、解雇の正当性について微妙な判断が必要となります。

7 解雇④ 懲戒解雇

使用者が労働者に対して行う懲戒処分には、軽いものから①譴責(けんせき)(戒告)、②減給(昇給休止、降格)、③出勤停止、④諭旨(ゆし)解雇、⑤懲戒解雇があります。

懲戒解雇は労働者が長期にわたって無断欠勤を行って事業場の秩序を著しく乱したり、横領や背任などによって使用者に重大な損害を与えた場合に行われる最も重い処分です。

前項で説明した普通解雇と異なる点は、通常は解雇予告の手続きを行わない即時解雇であるということと、退職金の全部または一部を支給しないということにあります。

このように懲戒解雇は極めて重い処分であるため、実際にこれを行うには、予め就業規則などに懲戒解雇となる場合の事由と種類の基準が具体的に定められており、かつこれが労働者に周知されていることが必要になります。

また、普通解雇の場合、使用者は労働者を解雇しようとする少なくとも30日前にその予告をしなければならず、30日前に予告をしない場合は、30日分以上の平均賃金を支払わな

懲戒解雇における解雇予告除外の認定基準

① 極めて軽微なものを除き、職場内での盗取、横領、傷害など刑法犯に該当する行為があったとき

② 賭博、風紀紊乱等により職場規律を乱した場合

③ 採用条件の要素となるような経歴の詐称

④ 他事業への転職

⑤ ２週間以上正当な理由がなく無断欠勤し、出勤の催促に応じない場合

けなければならないのは前述したとおりですが、懲戒解雇の場合は労働基準監督署の認定を受けければ解雇予告の除外となります。

この認定基準については、①極めて軽微なものを除き職場内での盗取、横領、傷害など刑法犯に該当する行為があったとき、②賭博、風紀紊乱(びんらん)等により職場規律を乱した場合、③採用条件の要素となるような経歴の詐称、④他事業への転職、⑤２週間以上正当な理由がなく無断欠勤し、出勤の催促に応じない場合、といった労働者を保護するに値しないほどの重大または悪質な義務違反ないし背信行為が労働者に存する場合としています。認定が受けられなかった場合は、通常解雇として予告手当を支払わなければなりません。

第4章 パートタイム労働者の労働条件

1 賃金① 正社員との格差是正

改正パートタイム労働法で分類された4つのパートタイム労働者（28ページ参照）に対する、使用者の賃金（基本給、賞与、役付手当など）の支払義務は以下のとおりです。

① **正社員と同視すべきパートタイム労働者**
正社員と同じ方法で賃金を決定しなくてはなりません（義務）。具体的には、基本給については時間比例で、その他の手当については職責や役割・成果に応じて支給します。賞与や退職金については、就業規則に定めがあれば、正社員と同様に支給しなくてはならず、働く時間で按分した金額を支給することになります。

② **正社員と職務および人材活用の仕組みが同じパートタイム労働者**
職務および人材活用のしくみが正社員と同じである期間中は、正社員と同じ方法で賃金を決定するように努めなくてはなりません（努力義務）。ただし、通勤手当や退職手当は正社員と同じにする必要はありません。

第4章 パートタイム労働者の労働条件

パートタイム労働者も正社員とのバランスを考慮して賃金を決定しなければなりません

③正社員と職務が同じパートタイム労働者、および④正社員と職務も異なるパートタイム労働者

正社員とのバランスを考慮して、職務の内容や成果、意欲、能力、経験を勘案して、賃金を決めるように努力しなければなりません（努力義務）。ただし、通勤手当や退職手当については、正社員と同じにする必要はありません。

なお、パートタイム労働者間で賃金に格差をつける場合、使用者と各労働者間で合意がとれている場合は問題はありません。しかし、同一の労働については同一の賃金を払うというのが原則です。なお、性別や国籍などの違いによって賃金に差をつけることは違法です。

63

2 賃金② 賃金支払の5原則

労働基準法は賃金の支払について、次のような5原則を定めています。この5原則は当然パートタイム労働者にも適用されなければなりません。

① 通貨払いの原則

賃金は現金で支払うことが原則となっています。小切手や現物などで支払う場合は法令もしくは労働協約に別段の定めがなければなりません。また、労働者の同意を得た場合には、労働者が指定する金融機関の本人名義口座への振込みによる支払いも可能です。

② 直接払いの原則

賃金は労働者に直接支払わなければならず、本人以外の代理による受領は親権者や法定代理人でも無効とされます。ただし、配偶者や子などの使者に対する支払は認められます。

③ 全額払いの原則

賃金はその全額を支払わなければならず、貸付金や備品破壊の損害賠償金などと相殺す

賃金支払の5原則

① 通貨払いの原則
② 直接払いの原則
③ 全額払いの原則
④ 月1回以上払いの原則
⑤ 一定期日払いの原則

ることはできません。ただし、社会保険料や住民税などの源泉徴収を法令の定めにより控除したり、労働組合との書面による協定がある場合に寮費や社宅家賃、福利厚生施設費、組合費などを控除することは認められます。

④ **月1回以上払いの原則**

賃金は毎月1日から月末までの間に1回以上支払わなければなりません。

⑤ **一定期日払いの原則**

賃金は一定の期日（例 月初、月末）を定めて支払わなければなりません。ただし、臨時に支払われる賃金、賞与その他これに準ずるもので、厚生労働省令で定める賃金（精勤手当、勤続手当、奨励加給、能率手当）については、この限りではありません。

3 賃金③ 最低賃金と減給

実際の賃金の支払には、時間給、日給、月給の3つの方法があります。パートタイム労働者の場合は時間給をとっている企業がほとんどです。

賃金の額は原則として使用者と労働者との取り決めで自由に決められるべきものですが、最低賃金法により、国が賃金の最低金額を定めています。この金額より少額の賃金で労働者を使用した場合、契約は無効となり、使用者は労働者に最低賃金との差額を支払うとともに、罰金50万円を科されることになっています。最低賃金には、次の2つがあります。

① 地域別最低賃金

各都道府県ごとに審議会の諮問を受けて決められており、産業や職種に関係なく、すべての労働者とその使用者に対して適用されます。

② 産業別最低賃金

鉄鋼業や産業用機械、電機機器具などの特定の産業において、関係する労使間で必要

第4章 パートタイム労働者の労働条件

最低賃金

最低賃金

- **地域別最低賃金**
  各都道府県ごとに決められ、産業や職種に関係なく、全労働者とその使用者に適用

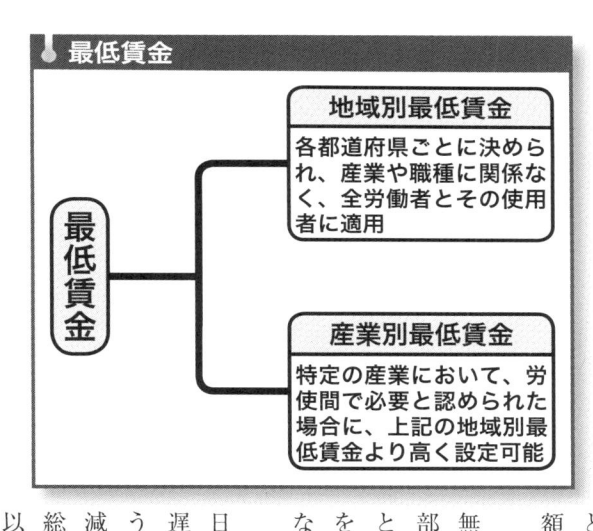

- **産業別最低賃金**
  特定の産業において、労使間で必要と認められた場合に、上記の地域別最低賃金より高く設定可能

と認められる場合に、地域別最低賃金より高額の最低賃金を適用することができます。

ところで、使用者は労働者が無断欠勤や、無断遅刻をした場合に、制裁として賃金の一部をカットする減給に関する規定を設けることができます。ただし、減給は労働者の生活を脅かす可能性が大きく、無制限に行ってはならない旨が労働基準法に定められています。

すなわち、1回の減給の額は平均賃金の1日分の半分を超えてはなりません。つまり、遅刻1回につき1日分の賃金を支払わないような制裁を行うことは認められません。また、減給の総額は一賃金支払期間における賃金の総額の10分の1を超えてはなりません。これ以上の減給は違法ですので注意しましょう。

4 賃金④ 割増賃金

労働契約で定められた労働時間を「所定労働時間」と言います。パートタイム労働者がこの所定労働時間を超過して労働した場合、使用者は通常の賃金に加えて割増賃金を支払わなくてはなりません。割増賃金の料率は労働時間によって次のように決められています。

① 通常の割増賃金

総労働時間が法定労働時間（1日8時間、週40時間）の範囲に収まっている場合は、所定労働時間を超過した分について通常の時間給を支払うだけで足ります。しかし、法定労働時間を超過した分については、通常の25％増の割増賃金を支払わなくてはなりません。

② 休日労働の場合

法定休日（週1回）に労働した場合は、通常の賃金の35％増しの割増賃金を支払わなくてはなりません。ただし、法定外休日に労働した場合は法定労働時間を超えた分の時間について、通常の賃金の25％増しの割増賃金を支払うだけで足ります。

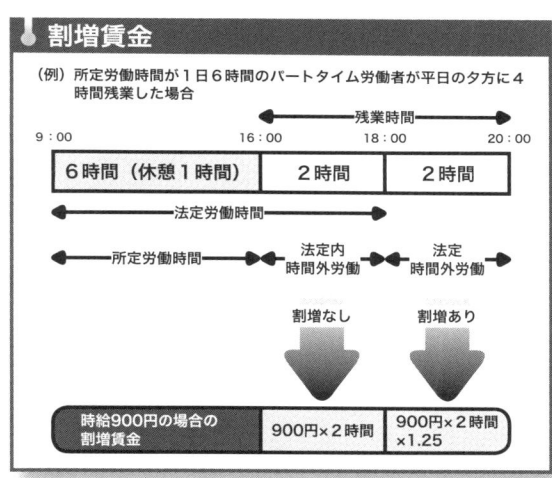

割増賃金

(例) 所定労働時間が1日6時間のパートタイム労働者が平日の夕方に4時間残業した場合

```
9:00            16:00       18:00       20:00
                              ←―― 残業時間 ――→
┌──────────────┬──────────┬──────────┐
│ 6時間(休憩1時間) │  2時間   │  2時間   │
└──────────────┴──────────┴──────────┘
  ←―― 法定労働時間 ――――――→
  ←― 所定労働時間 ―→ 法定内    法定
                   時間外労働  時間外労働
                              割増なし    割増あり
                                ↓           ↓
┌──────────────┬──────────┬──────────────┐
│ 時給900円の場合の│ 900円×2時間│ 900円×2時間  │
│     割増賃金    │          │   ×1.25     │
└──────────────┴──────────┴──────────────┘
```

③ 深夜労働の場合

午後10時から午前5時の間に働いた場合、通常の賃金の25％増しの割増賃金を支払わなくてはなりません。また、法定労働時間外の労働が深夜に及んだり、休日労働と深夜労働が重複した場合には、複数の割増賃金を合算してそれぞれ50％以上、60％以上となります。

なお、時間外労働と休日労働が重複しても、深夜労働に該当しないかぎり、35％以上50％以下のままで差し支えないとされます。

また、この割増賃金の基礎となる賃金には、家族手当や通勤手当、別居手当、子女教育手当、住宅手当、臨時に支払われた賃金、1カ月を超える期間ごとに支払われる賃金は含まれません。

5 賃金⑤ 非常時払い・休業手当

労働基準法は、非常時払い・休業手当の原則を規定しています。

非常時払いとは、「使用者は、労働者が出産、疾病、災害その他厚生労働省令で定める非常の場合の費用に充てるために請求する場合においては、支払期日前であっても、既往の労働に対する賃金を支払わなければならない」と規定されている原則のことです。「非常の場合」とは、具体的に以下のようなケースを言います。

① 労働者の収入によって生計を維持する者が出産し、疾病にかかり、または災害を受けた場合
② 労働者またはその収入によって生計を維持する者が結婚し、または死亡した場合
③ 労働者またはその収入によって生計を維持する者がやむを得ない事由により、1週間以上にわたって帰郷する場合

また、休業手当とは労働基準法で「使用者の責に帰すべき事由による休業の場合におい

第4章 パートタイム労働者の労働条件

非常時払いと休業手当

①非常時払い

使用者 ← 請求 ← 労働者
期日前の支払

出産、疾病、災害、結婚、死亡、やむをえない事由による1週間以上の帰郷

②休業手当

機械の故障、資材不足、受注減や生産過剰による操業短縮、資金難による操業停止など、使用者の責任による休業

使用者 → 平均賃金の6割以上の手当 → 労働者

ては、使用者は、休業期間中当該労働者に、その平均賃金の100分の60以上の手当を支払わなければならない」と規定されている原則のことです。

「使用者の責に帰すべき事由」とは、たとえば、親会社の経営難により店舗が仕入資金を獲得できず休業した場合や一部の労働者のストライキで残りの労働者を就業せしめることが可能であったにもかかわらず使用者がこれを拒否した場合などを指します。ただし、自然現象による休電が原因の休業や、労働安全衛生法の規定による健康診断の結果にもとづいて休業を命じたり、労働時間を短縮して労働させた場合は休業手当を支払わなくてもよいことになっています。

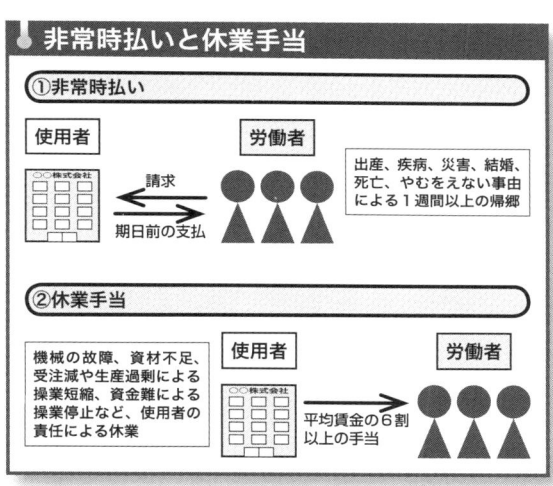

6 労働時間① 法定労働時間と所定労働時間

労働基準法は、使用者は原則として「労働者に休憩時間を除き1日につき8時間、1週間につき40時間を超えて、労働させてはならない」と上限を定めています。この「週40時間、1日8時間」の原則を「法定労働時間」と言います。たとえば、月曜日から金曜日までの5日間に毎日8時間働けば合計40時間になり、法定労働時間を満たします。

法定労働時間は実労働時間で算定します。つまり、出勤を命じられ一定の場所に拘束されている場合、準備や片づけ、手持ち時間なども含まれますが、休憩時間は含まれません。

また、「1日8時間」は継続勤務で日をまたいだ場合でも一勤務として取り扱います。たとえば、午後9時から始業、翌日の午前6時に終業し、休憩を1時間とった場合、労働時間は8時間となり、始業時刻の属する日の労働として扱われます。

法定労働時間を超えて労働させる場合、次項で説明する手続きをとらなければ、使用者には懲役6カ月以下、罰金30万円以上の罰則が科せられます。ただし、上の図のような業

第4章　パートタイム労働者の労働条件

法定労働時間「週40時間」の特例

以下の業種で常時使用する労働者(パートタイマー・アルバイトを含む)が10名未満の事業所では、法定労働時間は「週44時間」となる

業種	該当するもの
商業	卸売業、小売業、理美容業、倉庫業、駐車場業、不動産管理業、出版業(印刷部門を除く)その他の商業
映画演劇業	映画の映写、演劇、その他興業の事業(映画製作・ビデオ製作の事業を除く)
保健衛生業	病院、診療所、保育園、老人ホーム等の社会福祉施設、浴場業(個室付き浴場業を除く)、その他の保健衛生業
接客娯楽業	旅館、飲食店、ゴルフ場、公園・遊園地、その他の接客娯楽業

種においては、この法定労働時間の特例として、「週44時間」が認められています。

なお、使用者は始業時間や終業時間、休憩時間を絶対的必要記載事項として就業規則に明記しなければなりませんが、この労働契約上の労働時間を「所定労働時間」と言い、法定労働時間の範囲内であれば、使用者が任意に定めることができます。たとえば、午前9時始業で午後4時終業、休憩1時間の場合、労働者は所定労働時間の6時間だけ働けば労働契約上の義務を果たしたことになりますが、午後6時まで働いたとしても法定労働時間の範囲内なので、その時間は時間外労働とはならず、割増賃金25％増ではなく、通常の賃金が支払われます。

73

7 労働時間② 時間外労働・休日労働

労働者に法定労働時間を超えて労働（時間外労働）させる場合、使用者は、事業場に労働者の過半数で組織する労働組合がある場合はその労働組合、その他の場合は労働者の過半数を代表する者との間に書面による労使協定を締結し、これを事業所単位で労働基準監督署に届け出なくてはなりません。この労使協定は労働基準法第36条に基づくものであることから、36（サブロク）協定と呼ばれます。

36協定で協定すべき事項としては、①時間外または休日労働を必要とする具体的事由、②業務の種類、③労働者の数、④1日および1日を超える一定期間についての延長時間または労働させることができる休日、⑤協定の有効期間、があります。

36協定は労働組合との間で定めた労働協約に該当する場合は有効期限を3年までとすることができますが、一般的には1年とすることが望ましいとされます。また、36協定はいわゆる免罰効力なので、実際に時間外・休日労働をさせるためには、別途労働契約や就業

第4章 パートタイム労働者の労働条件

延長時間の限度基準

期間	一般労働者 (右の欄以外の労働者)	1年単位の変形労働時間制の対象労働者 (期間3ヵ月超)
1週間	15時間	14時間
2週間	27時間	25時間
4週間	43時間	40時間
1ヵ月	45時間	42時間
2ヵ月	81時間	75時間
3ヵ月	120時間	110時間
1年間	360時間	320時間

規則で「時間外・休日労働を命ずることがある」旨の定めが必要です。

また、36協定は時間外労働を無制限に認めるものではありません。上の図のように限度基準が設けられており、この限度基準を超えた時間外労働は違法となってしまいます。ただし、特定の事業・業務においては限度基準が適用されない場合があります。たとえば、坑内労働やその他厚生労働省令で定める健康上特に有害な業務の労働時間の延長は、1日について2時間を超えてはなりません。

なお、災害など臨時の必要があるときは、使用者は36協定がなくても、行政官庁の許可を受けて、その必要の限度において時間外労働や休日労働をさせることができます。

8 労働時間③ 時間外労働・深夜労働の制限

小学校入学前の子を養育している労働者、または要介護状態にある家族の介護を行っている労働者から請求があった場合、使用者は事業の正常な運営を妨げる場合を除いて、時間外労働や深夜労働を制限しなければなりません。

この規定はパートタイム労働者にも原則として適用されなければなりません。

① 時間外労働の制限

1カ月について24時間、1年について150時間を超える時間外労働をさせてはなりません。ただし、以下の場合は対象外となります。

- 継続雇用期間が1年未満の者
- 育児の場合、子の養育ができる配偶者（内縁を含む）がいる者
- 1週間の所定労働日数が2日以下の者

② 深夜労働の制限

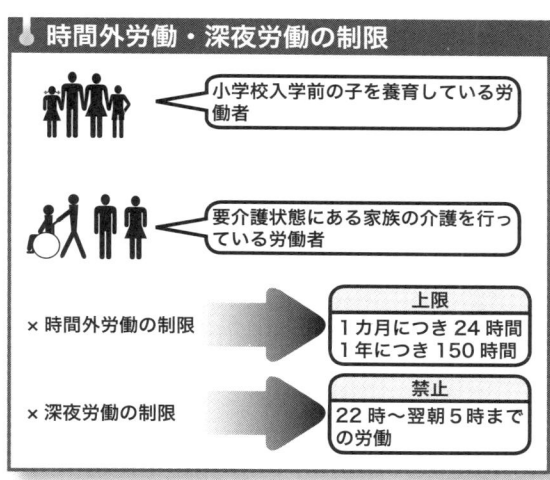

第4章 パートタイム労働者の労働条件

時間外労働・深夜労働の制限

- 小学校入学前の子を養育している労働者
- 要介護状態にある家族の介護を行っている労働者

×時間外労働の制限 → **上限** 1カ月につき24時間／1年につき150時間

×深夜労働の制限 → **禁止** 22時〜翌朝5時までの労働

午後10時から午前5時の間に労働をさせてはなりません。ただし、以下の場合は対象外となります。

・継続雇用期間が1年未満の者
・深夜に育児、介護のできる同居家族がいる者
・1週間の所定労働日数が2日以下の者、あるいは所定労働時間の全部が深夜である者

時間外労働や深夜労働の制限を請求する場合、労働者は制限される期間の開始および終了の日を明らかにして、制限開始予定日の1カ月前までに申し出なければなりません。請求は1回につき、1カ月以上1年以内（深夜労働の制限は6カ月以内）とされます。

9 労働時間④ 労働時間の管理

使用者には、労働者の労働時間を把握する義務があります。これは賃金計算を行う際に時間外労働や休日労働、深夜労働などに基づく割増賃金を正確に算出するために当然必要なことですが、法律的にも使用者は賃金計算の基礎となる事項や金額などを賃金台帳に記入しなければならないとされており、二重の意味で重要です。

この労働時間の管理方法について、厚生労働省は労働者の労働日ごとの始業・終業時間を確認して記録しなければならないとしています。したがって、パートタイム労働者の賃金を「日給9000円」などとしていても、使用者は実際に始業した時間と終業した時間を記録しなければなりません。記録の具体的な方法としては、タイムカードやICカード、パソコン入力などの客観的で機械的な方法によることが望ましいとされています。

また、賃金台帳には、各労働者について、氏名、性別、賃金計算期間、基本給や手当などの種類と額、労使協定により賃金を控除した場合の額のほか、次のような項目を記載し

3年間の保存義務がある労働法関連書類

・雇入関係書類
採用通知、労働契約書、労働条件通知書など

・解雇関係書類
解雇予告通知書、解雇事由証明書など

・災害補償関係書類
診断書、補償の支払記録など

・賃金関係書類
人事考課などの賃金決定に関する書類、昇給や減給に関係する書類など

・その他
出勤簿またはタイムカード、36協定などの各種労使協定、退職届など

なければなりません。

・労働日数
・労働時間数
・休日労働時間数
・早出残業時間数
・深夜労働時間数

賃金台帳は労働基準法で3年間保存しなければなりません。同様に3年間の保存義務がある書類としては、労働者名簿のほかに上の表に挙げたものがあります。この保存義務に違反した場合、30万円以下の罰金刑が課せられます。

10 休憩

使用者は、1日の所定労働時間が6時間を超える場合においては少なくとも45分、8時間を超える場合においては少なくとも1時間の休憩時間を、必ず労働時間の途中で労働者に与えなければなりません。違反は6カ月以下の懲役か30万円以下の罰金が課せられます。

休憩時間は、労働者が権利として労働から離れることを保障されている時間です。したがって、単なる手持ち時間は休憩時間にはあたりません。すなわち、たとえば、休憩時間中に電話番を命じた場合、その間に一度も電話がかかって来なかったとしても、その時間は労働したものとみなして、別途休憩時間を与えなくてはなりません。

さらに、休憩時間には次の2つの原則があります。

① 一斉に付与すること

休憩は全労働者に対して一斉に与えることが原則です。とはいえ、業種によっては、すべての労働者が一度に休憩をとると業務に支障を来すことが考えられますので、以下のよ

第4章 パートタイム労働者の労働条件

休憩時間の原則

1日の労働時間	休憩時間
6時間以下の場合	与えなくてもよい
6時間を超えた場合	少なくとも45分
8時間を超えた場合	少なくとも1時間

原則
- ①一斉に与えること
- ②自由に利用させること

うなケースにおいては一斉ではなく、交代などで休憩をとらせることができます。

・サービス業(運輸交通業、商業、金融・広告業、保険衛生業、接客娯楽業、映画・演劇業、通信業、官公庁など)
・労使協定で一斉付与しない労働者の範囲などを定めた場合(年少者を除く)

②自由に利用させること

休憩時間をどうすごすかについては労働者の自由であり、使用者が規定することはできません。ただし、職場の規律を保持するために必要な合理的な制限(例 飲酒の禁止、他の労働者の休憩を妨げるような行為の禁止など)を加えることは違法とはならないとされます。

11 休業・休暇① 休日と休暇

休日とは労働契約において労働者が労働する義務を一切負わない日です。これに対し、休暇とは労働義務のある日でも労働義務が免除された日のことを言います。

使用者は、毎週少なくとも1日以上の休日を労働者に与えなくてはなりません（週休制）。例外として、4週間で4日以上の休日を与えることも認められていますが、週休制が原則です。そして、これら法律で保障された休日を法定休日と言います。

もっとも、法定労働時間として「1日8時間、週40時間以内」という上限があり、1日の所定労働時間が週8時間の会社の場合、月曜日から金曜日までの5日間で40時間になってしまうため、現実には週休2日制をとっている会社がほとんどです。ただし、1日の所定労働時間を7時間にしている会社であれば、月曜日から金曜日までの5日間で35時間になり、法定労働時間まであと5時間残っているので、土曜日に5時間働かせても、日曜日を法定休日にすれば法律上問題はありません。

第4章 パートタイム労働者の労働条件

法定休日と法定外休日

※完全週休2日制の会社の場合

月	火	水	木	金	土	日
8時間	8時間	8時間	8時間	8時間	法定外休日	法定休日

法定休日＝労働基準法で保証された休日
法定外休日＝就業規則などで労使が自主的に決めた休日

法定休日は土曜日や日曜日、祝祭日にする必要はありません。現実に店舗などのサービス業では土日に労働し、平日を休日にしている会社がたくさんあります。また、法定休日週1日と法定労働時間週40時間を守ってさえいれば、法律上の問題はなく、祝祭日を会社の休日にしたり、お盆休みや正月休みを設けることは会社の任意となっています。

なお、週休2日制の会社の場合、法定休日以外の休日を法定外休日（または所定休日）と言います。週休2日制で土日が休みの会社が日曜日を法定休日とした場合、土曜日が法定外休日となるわけです。いつを法定休日や法定外休日にするかは労使が就業規則などで自主的に決定します。

12 休業・休暇② 年次有給休暇

年次有給休暇(年休)とは、勤続年数に応じて使用者が労働者に与えなくてはならない一定日数の有給休暇です。週の所定労働日数が5～6日の労働者の場合、入社後6カ月間継続勤務し、全労働日数の8割以上を出勤した労働者に対して、使用者は年10日間の有給休暇を与えなければなりません。この休暇数は勤務年数が増えるにつれて増えていきます。

ここでいう全労働日数とは、労働契約上労働義務の課せられている日のことを言います。したがって、労働者が業務上の負傷や疾病の療養のために休業した期間、および育児休業や介護休業期間、女性の産前産後休業期間も含まれます。

パートタイム労働者も、①週所定労働時間が30時間以上、②週所定労働日数が5日以上、③1年間の所定労働日数が217日以上、のいずれかに該当し、入社後6カ月間継続勤務し、全労働日数の8割以上出勤していれば、正社員と同じ日数の有給休暇を与えなくてはなりません。また、それ以下の場合でも、一定の年次有給休暇を与える義務があります。

年次有給休暇の付与日数

パートタイム労働者の週所定労働時間	1年間の所定労働日数(週以外の期間によって労働日数を定めている場合)	継続勤務時間に応じた年次有給休暇の日数						
		6カ月	1年6カ月	2年6カ月	3年6カ月	4年6カ月	5年6カ月	6年6カ月以上
30時間以上		10日	11日	12日	14日	16日	18日	20日
	5日以上 217日以上							
30時間未満	4日 169日〜216日	7日	8日	9日	10日	12日	13日	15日
	3日 121日〜168日	5日	6日	6日	8日	9日	10日	11日
	2日 73日〜120日	3日	4日	4日	5日	6日	6日	7日
	1日 48日〜72日	1日	2日	2日	2日	3日	3日	3日

（上の図参照）。

なお、労働者は有給休暇を使用者の承認を得ずに取得することができます。ただし、使用者には事業の正常な運営を妨げる場合においては、他の時季に変更させることが認められています。

また、労働者が有給休暇をどのような目的に利用するかは、まったく自由とされています。そして、有給休暇を取得した労働者に対する不利益な取り扱いは認められません。

ただし、年次有給休暇の請求権の時効は2年です。年度内に消化しきれなかった有給休暇を次年度に繰り越すことはできますが、時効の切れた有給休暇は消滅します。有給休暇の買い上げは認められません。

13 休業・休暇③ 育児休業・看護休暇

前項で説明した有給休暇とは別に、使用者は男女を問わず労働者に対し、次のような制度を認めなくてはなりません。これはパートタイム労働者についても、同様に認めなければなりません。ただし、使用者はこれらの期間中に賃金を支払う義務はありません。

① 育児休業制度

使用者は労働者から申出があった場合、子が1歳に達するまでの間、希望する期間に養育のための育児休業を取得させなくてはなりません（ただし、1カ月前までに申請しなければならない）。また、子が1歳になった時点で、労働者やその配偶者が育児休業していて、保育所などに空きがなくて預け先がないなどの場合は、1年半まで育児休業期間を延長することを認めなくてはなりません。

ただし、労使協定で次のような労働者を対象外とすることができます。

・同じ会社に引き続いて雇用されている期間が1年未満の者

第4章 パートタイム労働者の労働条件

育児休業制度

| 子の年齢 0歳 | 1歳 | 3歳 | 小学校就学の始期 |

- 育児休業 （0歳～1歳）
- 「一定の場合」には、子が1歳6カ月に達するまで育児休業が可能です。
- 勤務時間の短縮等の措置（育児休業に準ずる措置を含む。）（0歳～3歳）
- 深夜業（午後10時から午前5時まで）の制限（0歳～小学校就学の始期）
- 時間外労働の制限（1カ月24時間、1年間150時間）（0歳～小学校就学の始期）
- 子（小学校就学の始期に達するまで）の看護休暇　年間5日を限度

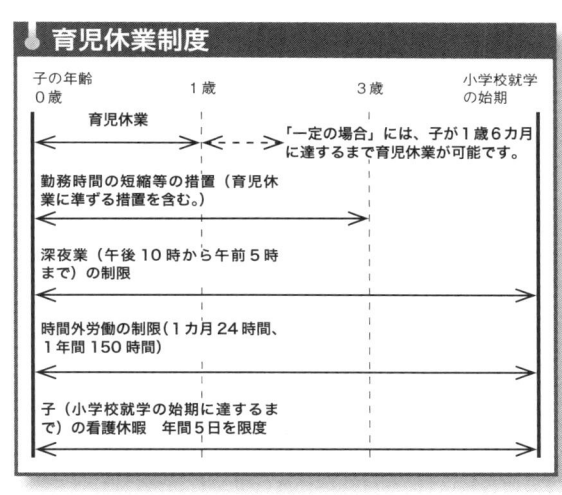

・配偶者（内縁も含む）が子育てすることができる場合
・育児休業の申出の日から1年以内に雇用関係が終了することが明らかな者
・1週間の所定労働日数が週2日以下の者

② 看護休暇

使用者は、小学校入学前の子を養育する労働者から申出があった場合、病気やケガをした子を看護するために、1年に5日まで、看護休暇の取得を認めなくてはなりません。

ただし、労使協定を結んだ場合、以下の労働者は対象外とすることができます。

・勤続6カ月未満の者
・週の所定労働日数が2日以下の者

14 休業・休暇④ 介護休業

使用者は、要介護状態にある家族を持つ労働者から申出があった場合、介護休業の取得を認めなくてはなりません。当然パートタイム労働者からの申出も同様です。

「要介護状態」とは、負傷・疾病や身体・精神の障害によって、2週間以上にわたって常時介護が必要な状態を言います。判断基準としては、日常生活動作事項（歩行、排泄、食事、入浴、着脱衣）のうち、全部介助が1項目以上、一部介助が2項目以上あること、あるいは問題行動（攻撃的行為、自傷行為、火の扱い、徘徊、不穏興奮、不潔行為、失禁など）のうち中度以上の該当が1項目以上あり、その状態が継続していることが挙げられます。

また、「家族」とは申請労働者の配偶者（事実婚も含む）、父母・配偶者の父母、子、同居して扶養している祖父母・兄弟姉妹・孫までを指します。そして、介護休業の期間は、対象家族1人につき、要介護状態になるごとに1回、通算して93日までが限度です。

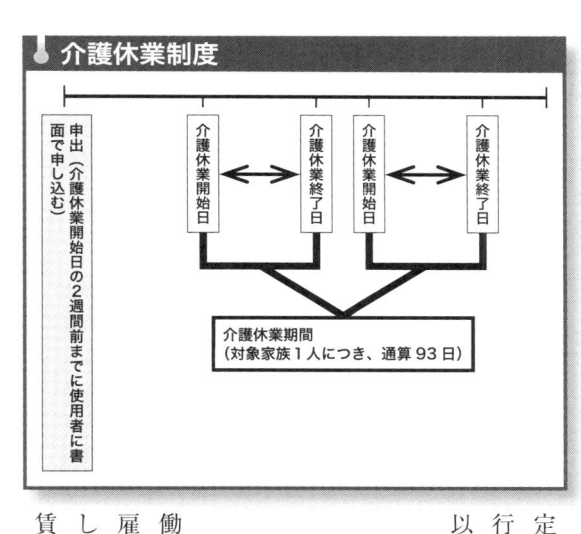

第4章　パートタイム労働者の労働条件

介護休業制度

```
申出（介護休業開始日の2週間前までに使用者に書面で申し込む）

介護休業開始日 ←→ 介護休業終了日　　介護休業開始日 ←→ 介護休業終了日

介護休業期間
（対象家族1人につき、通算93日）
```

　介護休業の申請は原則として、休業開始予定日の2週間前までに使用者に対して書面で行います。ただし、労使協定を締結すれば、以下の労働者は対象から除くことができます。

・同じ会社に引き続き雇用されている期間が1年未満の者
・介護休業の申出日から93日以内に雇用関係が終了することが明らかな者
・1週間の所定労働日数が2日以下の者

　なお、使用者は介護休養期間中の賃金を労働者に支払う義務はありません。その場合、雇用保険の一般被保険者で一定の条件を満していれば、介護休業給付金として、休業前賃金の40％が支給されます。

15 休業・休暇⑤ 女性への特別な配慮

以下に説明するのは特に女性労働者に対して保証されている休暇・休業制度です。パートタイム労働者にも当然認めなければなりません。

① 生理休暇

生理日の就業が著しく困難な女性から使用者に請求があった場合、使用者は休暇を与えなければなりません。「就業が著しく困難」とは、強度の下腹痛、腰痛、頭痛などにより、業務が不可能な状態を言いますが、請求にあたっては、医師の診断書などの証明がなくても、同僚の証言程度の証明で足りるとされます。また、生理休暇の請求を受けた使用者は、日数の制限なく、休暇を与えなくてはなりません。ただし、生理休暇中の賃金については、労働契約や労働協約、就業規則などで、有給か無給かを決めることができます。

② 産前産後休業

出産の前後の期間に認められている休業制度です。

その他、女性に認められている権利

- 妊娠中の軽易業務への転換
  妊娠中の女性から請求があった場合、使用者は他の軽易な業務に転換させなければならない

- 妊産婦の時間外労働・休日労働・深夜労働の禁止
  妊産婦（妊娠中あるいは出産後1年を経過しない女性）から請求があった場合、使用者は1週または1日の法定労働時間を超えて労働させたり、時間外労働や深夜労働をさせてはならない

- 出産後の育児時間
  1歳未満の子供を育てる女性（男性も可）から請求があった場合、使用者は法定の休憩時間以外に、1日に2回（1日の労働時間が4時間以内の場合は1回）、それぞれ少なくとも30分の育児時間を与えなくてはならない

・産前休業……6週間（双子以上の多胎妊娠の場合は14週間）以内に出産する予定の女性から請求があった場合、使用者は休業させなくてはなりません。出産が予定日より遅れた場合は遅れた期間も産前休業とみなします。

・産後休業……産後8週間以内の女性を使用者は就業させてはなりません。ただし、本人の申請と医師の承諾があった場合、6週間を経過すれば就業させても構いません。

産前産後休業中の賃金は就業規則などに規定がなければ無給でも構いません。ただし、健康保険によって出産手当金や出産育児一時金（出産した場合）が支給されます。

第5章 パートタイム労働者の福利厚生

1 教育訓練と福利厚生施設の利用

2008年4月1日に施行された改正パートタイム労働法では、4種類に分類されたパートタイム労働者（28ページ）それぞれについて、教育訓練の実施と福利厚生施設の利用における正社員との待遇格差の解消が以下のように義務づけられました。パートタイム労働者を戦力化したり、モチベーションを上げて店舗の業績を向上させる手段の一つとして、店長がリーダーシップを発揮して取り組んで生きましょう。

① 教育訓練の実施

事業主は、「正社員と同視すべきパートタイム労働者」に対して、職務遂行に必要な能力を付与したり、それ以外のステップアップを目的とする教育訓練については、すでにその職務に必要な能力を有している場合を除いて、正社員と同様に実施しなければなりません。その他のパートタイム労働者に対しては、事業主は正社員との均衡を考慮しつつ、そのパートタイム労働者の職務の内容や成果、意欲、能力、経験などに応じて教育訓練を行

第5章 パートタイム労働者の福利厚生

パートタイム労働者も教育訓練の実施や福利厚生施設の利用において、正社員と待遇上の格差があってはなりません

②福利厚生施設の利用

ここで言う福利厚生施設とは、具体的には休憩室や食堂、更衣室などをさします。

事業主は、「正社員と同視すべきパートタイム労働者」に対して、健康の保持または業務の円滑な遂行に関連する施設の利用や、それ以外の慶弔休暇や社宅の貸与などについて、正社員と差別的な取扱いをしてはなりません。

また、それ以外のパートタイム労働者に対しては、事業主は前記の福利厚生施設の利用について、正社員が利用している場合は、すべてのパートタイム労働者にも利用の機会を与える配慮をしなくてはならないとしています。

うよう努めなくてはなりません。

2 正社員への転換

従来、雇用の調整弁的な役割を期待されることの大きかったパートタイム労働者ですが、近年の人手不足などの理由により、能力のある人については積極的に正社員への登用を図ることで戦力化しようという動きが出ています。このような事情を背景に、改正パートタイム労働法でも使用者に次のような措置を設けることが義務づけられることになりました。

① 正社員を募集する際は、事業所内に掲示するなどの方法で、業務の内容や賃金、労働時間、その他の募集に関わる事項を、すでに事業所内で働いているパートタイム労働者に周知させなくてはならない

② 正社員が必要なポジションが新たにできた場合は、すでに事業所で働くパートタイム労働者にも応募を申し出る機会を与えなくてはならない

③ パートタイム労働者が正社員へ転換できる試験制度を設けたり、そのほか正社員への転換を推進するための措置（例　正社員として働く上で必要と認められる教育訓練を

第5章 パートタイム労働者の福利厚生

使用者はパートタイム労働者が正社員に転換する制度や措置を講じなければなりません

確保する措置)を講じなくてはならない

なお、以上のような転換推進措置を行う使用者に対しては、国から次のような補助金の交付を得ることができます(問い合わせ先 財団法人21世紀職業財団)。

① 正社員と共通の処遇制度の導入……50万円
② パートタイム労働者の能力・職務に応じた処遇制度の導入……30万円
③ 正社員への転換制度の導入……30万円
④ 短時間正社員制度の導入……30万円
⑤ 教育訓練制度の導入……30万円
⑥ 健康診断制度の導入……30万円

3 短時間雇用管理者の選任

 パートタイム労働法では、常時10人以上のパートタイム労働者を雇用している事業主は、事業所（支店や工場など）ごとに「短時間雇用管理者」を選任するように努めなければならないとしています（努力義務）。具体的には、その事業所の人事労務管理責任者が望ましいとされます。
 この短時間雇用管理者は、パートタイム労働者の適正な労働条件の確保、および雇用管理の改善のために、次の職務を行うとされます。
① パートタイム労働法、およびパートタイム労働指針に定められている事項、およびその他のパートタイム労働者の雇用管理改善に関して、事業主の指示に基づいて必要な措置を検討、実施し、必要な場合には事業主などに対する提案を行うこと
② パートタイム労働者の労働条件、就業環境に関する事項などに関して、パートタイム労働者からの相談に応ずること

第5章 パートタイム労働者の福利厚生

短時間雇用管理者の選任変更届（例）

```
                                    平成    年    月    日
○○労働局長　殿

        事業所名
        所在地
        代表者職氏名
        主な事業内容
        常用労働者数           女      人    男      人
          うち正社員数         女      人    男      人
          うち短時間労働者数   女      人    男      人

当事業所では、下記の者を短時間雇用管理者として選任・変更いたし
ます。

                            記
```

所属部課・役職名	氏　　名
(TEL)	（男・女）

短時間雇用管理者を選任したり、変更する場合、上の例のような届出を所轄の都道府県労働局雇用均等室に郵送かファックスで届け出るとともに、その氏名を事業所の見やすい場所に掲示するなどの方法で、パートタイム労働者に周知させることも努力義務として規定されています。

4 安全衛生管理体制と安全衛生教育

労働安全衛生法は、労働者の安全と健康を確保するのは使用者の義務であるとして、業種や規模に応じて、安全衛生管理体制の整備を義務づけています。

具体的には、使用者は、政令で定められた一定の業種や規模ごとに事業場単位で、総括安全衛生管理者をはじめ、安全管理者や衛生管理者、安全衛生推進者（衛生推進者）、作業主任者、安全委員会または衛生委員会、産業医を選任して設置しなくてはなりません（次ページの図参照）。

また、使用者は職場における安全衛生水準を向上させるために、これらの人々の能力向上を図るための教育や講習を行わなければならないほか、パートタイム労働者を含むすべての労働者に対しても、雇入れたときや作業内容が変わったときに、従事する業務に関する安全衛生教育（機械や原材料の取り扱い方、安全装置の使い方、作業手順、点検、整理整頓、事故が発生した際の応急処置など）を行わなければなりません。

企業内の安全衛生管理体制

事業者

総括安全衛生管理者
要件：一定規模以上の事業場
役割：安全管理者、衛生管理者などを指揮し、労働者の危険または健康障害を防止するための措置に関する業務などを統括管理する

産業医
要件：50人以上の全事業場
役割：労働者の健康管理について事業者に必要な勧告を行う

安全委員会または衛生委員会
要件：安全委員会…50人または100人以上の全業種の事業所 衛生委員会…50人以上の全業種の事業場
役割：労働者の危険や健康障害を防止するための基本となるべき対策に関する事項などを調査審議し、事業者に意見を述べる。両委員会をまとめて安全衛生委員会にすることも可能

作業主任者
役割：高圧室内作業など、労働災害を防止するための管理を必要とする作業に従事する労働者を指揮する

安全衛生推進者（衛生推進者）
要件：10人以上50人未満の事業場
役割：安全衛生業務（衛生業務）を担当する

安全管理者・衛生管理者
要件：50人以上の事業場、衛生管理者のみ全業種
役割：安全・衛生に関する技術的な事項を管理する

5 健康診断

使用者は、労働安全衛生法により、労働者に健康診断を行うことが義務づけられています。ただし、パートタイム労働者については以下の条件を満たす者のみが対象です。

① 期間の定めのない労働契約によって使用されているパートタイム労働者
② 有期労働契約によって使用されているパートタイム労働者で、契約期間が1年（特定業務に従事する場合は6カ月）以上である者、もしくは契約更新によって1年以上雇用されることが予定されている者、1年以上引き続き雇用されている者
③ 1週間の所定労働時間が同じ事業所において同種の業務に従事する正社員に比べて4分の3以上であるパートタイム労働者

また、実施しなければならない健康診断は次のとおりです。

① 雇入時健康診断……常時使用するパートタイム労働者を雇入れるときに実施
② 定期健康診断……常時使用するパートタイム労働者に対して年1回必ず実施

健康診断を行わなくてはならないパートタイム労働者

① 期間の定めのない労働契約によって使用されている者

② 有期労働契約によって使用されている者で、契約期間が1年（特定業務の場合は6カ月）以上、もしくは契約更新によって1年以上雇用されることが予定されている者、1年以上引き続き雇用されている者

③ 1週間の所定労働時間が同じ事業所で同種の業務に従事する正社員に比べて4分の3以上である者

③ 深夜業を含む業務に従事するパートタイム労働者に対して、その業務への配置換えの際に行う健康診断、および6カ月以内ごとに1回定期に実施する健康診断

④ 特殊健康診断……一定の有害な業務に常時従事するパートタイム労働者に対して、その業務への配置換えおよび定期的に実施する健康診断

使用者はこれらの健康診断の結果を労働者本人に通知するとともに、記録を保管する義務があります。また、健康診断の結果、労働者に異常があった場合は、医師などの意見を聴いて、必要に応じて、労働時間の短縮や配置転換などの措置をとらなくてはなりません。

6 労働組合

労働組合とは、①労働者が主体となって、②自主的に、③労働条件の維持・改善その他経済的な地位の向上を図ることを目的に組織される団体のことです。

労働組合は会社ごとに組織されるもののほか、産業ごとに組織された大規模なものまで、さまざまなものがありますが、2人以上の労働者がいれば自由に結成することができます。

当然パートタイム労働者でも結成することができます。ただし、店長やマネジャーなどの管理職は一般に結成できないとされます。

使用者は労働組合から労働条件の改善に関する団体交渉の申出があった場合、正当な理由がなければ、これを拒否することはできません。交渉の日時や場所は双方が話し合って決めますが、交渉の時間は勤務時間外とするのが原則です（使用者が認めれば勤務時間内でも可）。団体交渉の出席者は労使双方とも最終的な権限を持つ者であり、一般には使用者側からは役員、労働組合側からは組合役員が出席します。

労働協約

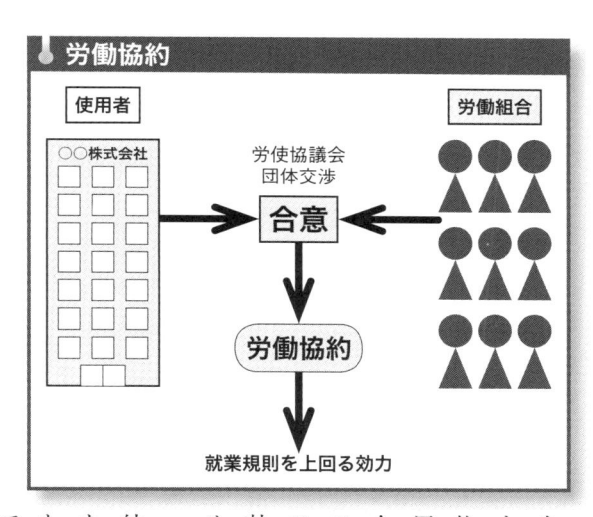

使用者 ○○株式会社

労使協議会
団体交渉
合意

労働組合

労働協約

就業規則を上回る効力

団体交渉で合意に達した場合、労使双方が合意内容を書面化した「労働協約」を結びます。この労働協約の内容は就業規則や労働契約に優先して適用されることになります。適用される対象は組合員に限定されますが、組合員が1つの事業場で常時働く同種の労働者の4分の3以上を占めていれば、組合員以外の全労働者にも適用されます。労働協約の有効期限は最長3年で、それを超える期間の定めをすることはできません。

なお、使用者は労働者が組合に加入したり、結成したことを理由に解雇するなどの不利益な扱いをしてはならないほか、組合に加入しなかったり、脱退することを雇用の条件にしてはなりません。

7 紛争解決

 労働者と使用者との間に労働条件やその他の問題についてトラブルが発生した際、従来は前項で説明した労働組合の組合員になって、団体交渉という形で交渉するのが一般的でした。しかし、近年は労働組合の加入者が減る一方で、労働者の権利意識の変化などにより、個々の労働者が会社と直接交渉(個別労働紛争)することが増えています。
 改正パートタイム労働法では、事業主は事業主の代表(人事担当者や短時間雇用管理者)と労働者の代表で構成される苦情処理機関を事業所内に設け、事業主の義務として課せられている事項について、パートタイム労働者から苦情の申し出を受けたときはその処理を委ねて、自主的な解決を図るように努力することを義務づけています。
 それでも解決されない場合、解決手段として裁判がありますが、コストや時間がかかるため、パートタイム労働者には現実的ではありません。そこで、次のような制度が整備されています。いずれもパートタイム労働者が申請したことについて、使用者は解雇や降格

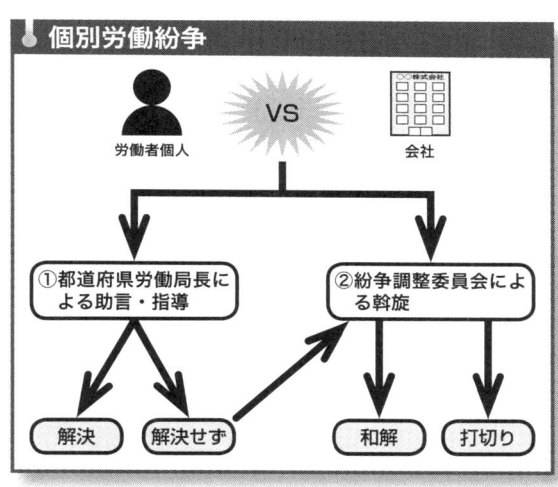

第5章 パートタイム労働者の福利厚生

個別労働紛争

労働者個人 VS 会社

① 都道府県労働局長による助言・指導 → 解決／解決せず
② 紛争調整委員会による斡旋 → 和解／打切り

などの不利益な扱いをすることはできません。

① **都道府県労働局長による紛争解決の援助**

厚生労働省下の都道府県労働局が紛争の一方または双方の当事者からの申請を受けて、必要な助言、指導、または勧告を行います。

ただし、強制力はありません。

② **紛争調整委員会による斡旋**

紛争調整委員会（都道府県労働局に設置された弁護士や学者などからなる委員会）が紛争当事者双方および必要に応じて参考人から意見を聞いて、中立的立場から具体的な和解案を斡旋します。斡旋なので一方の当事者から申請があっても、他方の当事者は応じる義務がありませんし、呈示された斡旋案に不服な場合は拒否することができます。

8 セクシュアル・ハラスメント

近年深刻な問題となっているのが、職場や社外でのセクシュアル・ハラスメント（性的嫌がらせ）が原因でおこるさまざまな問題です。

セクハラとは相手を不快にさせる性的な言動のほか、体に触ったり、性的関係を強要したり、性的経験や異性関係の噂を流すなどの行為も含まれます。

職場におけるセクハラは、次の2つのパターンに分類されます。

① **対価型セクシュアル・ハラスメント**

労働者の意に反する性的言動や行為への反応の結果、当該労働者が解雇や降格、減給などの不利益を受けることです。（例　性的関係を拒否した相手を職場の上下関係を利用して解雇したり、性的言動を咎められた相手を降格処分にしたりすること）

② **環境型セクシュアル・ハラスメント**

職場で労働者の意に反する性的言動や行為があった結果、職場環境が不快なものとなり、

セクシュアル・ハラスメントの分類

セクシュアル・ハラスメント

①対価型セクシュアル・ハラスメント
・社内の地位を利用して性的関係を迫り、拒否されたら、解雇や降格にする

②環境型セクシュアル・ハラスメント
・ヌードポスターを貼ったり、性的記事を見せびらかす
・性的な発言や質問をする
・相手の体の一部を触る

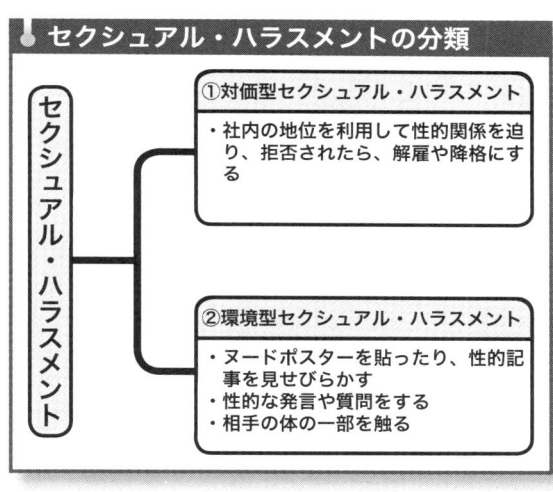

当該労働者の能力発揮に重大な影響が生じることです。（例　職場にヌードポスターを貼ったり、卑猥な言葉を使ったり、性や恋愛について事実無根の噂を流したりする）

セクハラを行った加害者は民法の不法行為や刑法の強制わいせつ罪、暴行罪、強要罪などに基づく責任を負うほか、加害者が従業員であった場合はその企業の使用者の責任も問われ、セクハラを放置した場合は債務不履行責任を問われる可能性もあります。

また、従来は男性から女性に対するセクハラについて事業主に雇用管理上の配慮を求めていましたが、2006年の改正男女雇用機会均等法では、男女双方のセクハラについて、必要な防止措置をとる義務が課されています。

9 労災保険① 制度のあらまし

労災保険は、労働者が業務上の何らかの理由によりケガをしたり病気になった場合(業務災害)、あるいは通勤中の事故でケガをした場合(通勤災害)に、治療費の給付を行ったり、休業中の賃金を補償する制度です。さらにそのケガや病気が原因で労働者が障害者になったり、死亡した場合は、本人や家族へ年金を支給するなどの援助を行います。

労災保険は1人でも労働者を雇っている使用者(個人事業主も含む)であれば、原則として強制的に加入を義務づけられていますが、農林水産業で5人未満を雇用している使用者は例外とされます。また、加入は本社や工場などの事業所単位で行われます。補償の対象となる労働者には正社員だけでなく、パートタイム労働者や契約社員、不法就労状態にある外国人労働者も含まれます。

労災保険の保険料は使用者がすべて負担することになっています。万が一使用者が加入を怠っていた場合、労働者は補償を受けることができますが、使用者は遡って保険料を政

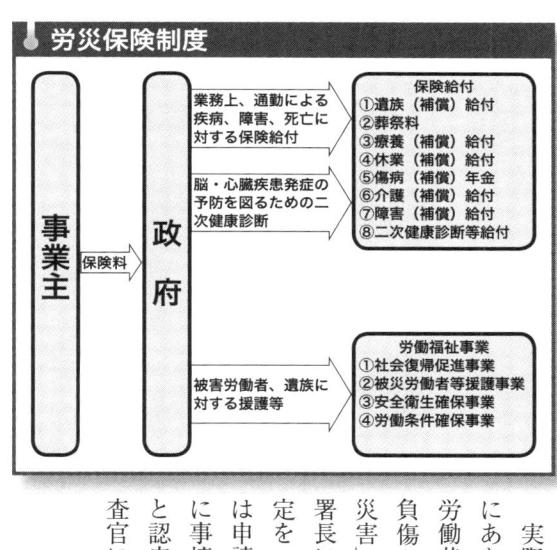

第5章 パートタイム労働者の福利厚生

労災保険制度

事業主 —保険料→ 政府

政府→
- 業務上、通勤による疾病、障害、死亡に対する保険給付
- 脳・心臓疾患発症の予防を図るための二次健康診断

保険給付
① 遺族（補償）給付
② 葬祭料
③ 療養（補償）給付
④ 休業（補償）給付
⑤ 傷病（補償）年金
⑥ 介護（補償）給付
⑦ 障害（補償）給付
⑧ 二次健康診断等給付

政府→被害労働者、遺族に対する援護等

労働福祉事業
① 社会復帰促進事業
② 被災労働者等援護事業
③ 安全衛生確保事業
④ 労働条件確保事業

府に支払わなければなりません。

実際に労働者が労災保険から補償を受けるにあたっては、本人（死亡の場合は遺族）が労働基準監督署に申請を行い、その労働者の負傷や死亡が、「業務災害」あるいは「通勤災害」によるものであることを労働基準監督署長に認定されなくてはなりません。この認定を「業務上認定」と言います。実際の認定は申請後に労働基準監督署の担当官が関係者に事情をヒアリングして行います。「業務外」と認定された場合は、都道府県の労働保険審査官に再審を請求することができます。

10 労災保険② 業務災害での労災認定の条件

業務災害は、労働者が業務の遂行中に発生した災害のことです。業務災害が労災として認定されて給付を受けるには、次の2つの要素を満たす必要があります。

① 業務遂行性

労働者が労働契約に基づいて使用者の支配・管理下にある状況で発生した災害であるかどうかが問われます。したがって、作業の準備や後始末の時間、あるいは勤務中や休憩時間中にトイレに行っている間、会社が社外で行った研修中にケガをした場合も含まれます。

ただし、私用で社外にいたり、休憩時間にスポーツをしてケガをした場合などは認められません。

② 業務起因性

業務と傷病の間に一定の因果関係があるかどうかが問われます。たとえば、作業中に機械などによって負傷したり、業務での移動中に事故でケガをするといったケースが典型例

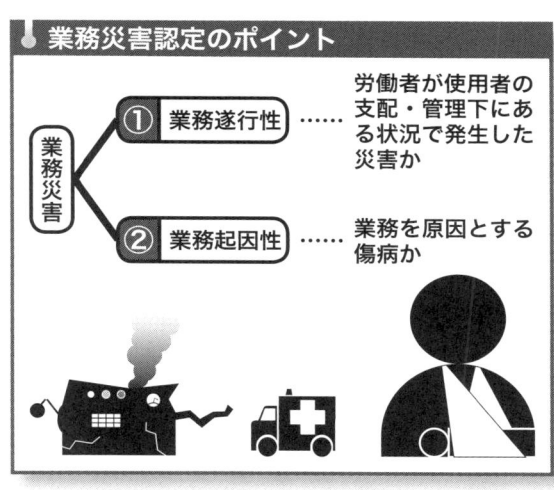

第5章 パートタイム労働者の福利厚生

業務災害認定のポイント

業務災害
① 業務遂行性 …… 労働者が使用者の支配・管理下にある状況で発生した災害か
② 業務起因性 …… 業務を原因とする傷病か

です。しかし、地震などの天災に遭ったり、通り魔などに襲われて負傷するような場合は、原因が直接業務に起因するとは考えられませんので、業務災害とは見なされません。

なお、近年働きすぎが原因で労働者が死亡する過労死や、働きすぎや業務上のストレスによって労働者がうつ病などの精神障害を患って自殺する過労自殺が問題となっています。この過労死や過労自殺についても、前述の業務遂行性や業務起因性から判断して労災と認定されるケースが増えています。具体的にはそれぞれ厚生労働省から認定基準が出されており、それに合致することが要件となっています。パートタイム労働者についても無理な労働を強いていないか常に配慮しましょう。

11 労災保険③ 通勤災害での労災認定の条件

通勤災害は労働者が家を出てから帰宅するまでの通常の通勤途上で発生した災害を言います。交通事故が典型例ですが、犯罪多発地帯で深夜に帰宅した労働者が暴漢などに襲われるようなケースも当てはまります。前項の業務災害と違って、直接業務とは関連しませんが、業務に密接に関連した行為として労働災害の補償の対象になっています（ただし、労働基準法の災害補償の対象とはなりません）。

通勤災害が労災として認定されて給付を受けるためには、次の要件に当てはまることが必要です。

① 就業に関する通勤であること

出勤しても仕事をしないまま帰宅するような場合は通勤時間とは認められません。

② 住居と就業場所の間の通勤であること

毎日の通勤経路以外の別のルートで通勤した際に起こった災害でも認められます。ただ

通勤災害認定のポイント

通勤災害
① 就業に関する通勤であること
② 住居と就業場所の間の通勤であること、および合理的な経路および方法による通勤であること

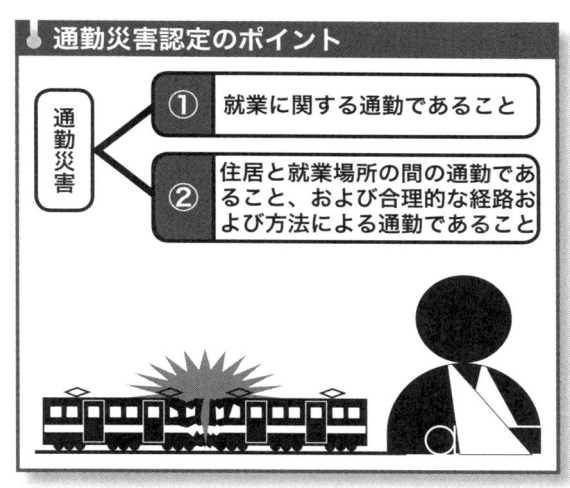

し、子供を託児所に迎えに行ったり、忘れ物を取りに帰るなどの合理的な理由が必要になります。

たとえば、会社帰りに飲食や映画に行くなど、通勤の途中で仕事や通勤と関係ない目的で逸脱や中断があった場合は、その間はもちろん、その後の経路についても通勤とは見なされません。

ただし、公衆トイレの使用や短時間の休憩などのほか、帰宅途中にコンビニやスーパーでの日用品の購入、病院での診療、仕事に関係した能力開発セミナーの受講など、「日常生活上必要な行為による最小限度の逸脱」であれば、その行為の時間以外は通勤時間と見なされます。

12 雇用保険

雇用保険は、使用者と労働者双方に給付や助成を行う制度です。使用者に対しては、従業員の採用促進や雇用の安定に関する助成制度があり、労働者に対しては、仕事を辞めたときの失業給付金や、転職するための教育訓練を受ける費用の助成や育児介護休業中の賃金の補填などを受けられるための制度があります。保険料は労働者と事業主の双方が負担します。

雇用保険は被保険者に該当する者を1人でも雇用していれば、強制的に適用事務所になります。ただし、次の者は雇用保険の被保険者にはなりません。

・65歳に達した日以後、新たに雇用される者
・昼間学生、臨時内職的に雇用されるもの
・季節業務に4カ月以内の契約で使用される者

また、パートタイム労働者の雇用保険手続きについては、雇用形態に関係なく、次の2

雇用保険の主な給付

求職者給付: 被保険者が離職、失業している間に支給される給付
（基本手当、寄宿手当、傷病手当など）

就職促進給付: 失業していた被保険者が再就職した際に支給される給付
（就業促進手当、移転費、広域求職活動費、技能習得手当）

教育訓練給付: 現在あるいは過去に雇用保険の被保険者で一定の要件を満たしている者が、厚生労働大臣の指定する教育訓練を受講して終了した場合に支給される給付

雇用継続給付: 育児・介護休業期間中や一定の要件を満たす60歳以上の被保険者（ただし失業状態ではない）が働く場合に支給される給付
（高年齢雇用継続給付、育児休業給付、介護休業給付）

つの要件を満たせば加入が必要です。

① 1週間の所定労働時間が20時間以上であること

② 1年以上引き続き雇用されることが見込まれること（3カ月、6カ月などの期間を定めて雇用されていても、契約更新により1年以上雇用される場合を含む）

③ 労働時間、賃金、その他の労働条件が就業規則や雇用契約書などで明確に定められていること

離職者が雇用保険から給付を受ける際は、使用者から離職理由や賃金支払状況などを記載した離職証明書および離職票を発行してもらい、公共職業安定所（ハローワーク）に提出します。主な給付は上の図のとおりです。

13 社会保険

社会保険とは、厚生年金保険、健康保険、介護保険の総称です（次ページの表参照）。

すべての法人事務所と常時5人以上の労働者を雇用する事務所（飲食業などは除く）は、社会保険の強制適用事務所となり、そこで働く労働者は原則として被保険者となります。保険料は事業主と労働者の双方が負担します（介護保険は満40歳以上65歳未満、厚生年金保険は満70歳未満が負担）。

パートタイム労働者も働く時間や日数によって、使用者は社会保険に加入させる義務があります。具体的には、次のいずれかに該当した場合です。

① 1日または1週間の所定労働時間が、正社員の1日所定労働時間の概ね4分の3以上

たとえば、正社員の1日の労働時間が8時間の会社であれば、労働時間が1日6時間以上のパートタイム労働者には社会保険へ加入させる義務がありますが、6時間未満の場合は加入させる必要はありません。

第5章 パートタイム労働者の福利厚生

社会保険制度

- 社会保険
  - 厚生年金保険 … 労働者の老齢、障害または死亡について年金給付を行う
  - 健康保険 … 医者にかかるときの医療費の給付、欠勤中の傷病手当、出産の一時金などを給付
  - 介護保険 … 40歳以上の人が被保険者（保険加入者）となり、保険料を負担し、介護が必要と認定されたときに、費用の一部を支払って、介護サービスが利用できる制度

② 1カ月の所定労働日数が正社員の1カ月の所定労働日数の概ね4分の3以上

たとえば、正社員の1カ月の労働日数が20日の会社であれば、労働日数が15日以上のパートタイム労働者には社会保険へ加入させる義務がありますが、15日未満の場合は加入させる必要はありません。

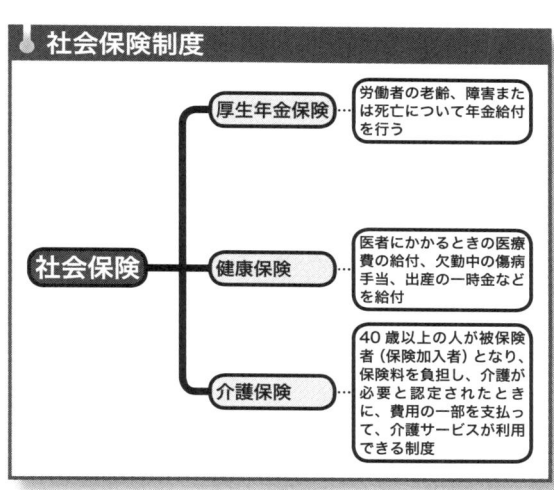

ただし、以下の者は社会保険に加入することができません。

・日々雇い入れられ、1カ月を超えない者
・2カ月以内の期間を定めて使用される者
・4カ月以内の季節的業務に使用される者
・6カ月以内の臨時的事業に使用される者

14 労働基準監督署による調査

労働基準監督署は、使用者に労働基準法の違法行為があることについて判明したり、労働者からの告発があったときは、監督官が使用者の事情場や寄宿舎などを調査（臨検）し、帳簿や書類（就業規則、労働者名簿、賃金台帳、タイムカード、36協定など）の提出を求めたり、使用者や労働者に対して尋問する権限を持っています。監督官は、司法警察官として強制捜査を行う権限を持ち、事前通知なしに立ち入り調査を始めたり、必要に応じて使用者に出頭を命じたり、書類送検することが可能です。

労働基準監督署の調査には、定期監督と申告監督の2種類があります。定期監督は、労働基準監督署の定期的な計画に基づいて実施されるもので、申告監督は、社内外の労働者からの告発や情報提供によるものです。後者の場合、使用者はこの告発を理由に労働者に対して解雇やその他の不利益な扱いをすることはできません。

なお、調査の結果、法令違反が認められたとき、労働基準監督署は違反事項と是正期日

労働基準監督署による調査

(例)
- 労働者に対し、就業規則の内容を周知させているか
- 時間外労働や休日労働が多すぎないか?
- 割増賃金はきちんと支払われているか?

etc.

労働基準監督署 → 調査 → ○○株式会社 使用者

を記した「是正報告書」を使用者に渡します。使用者はこの勧告書の指導に従って、是正期日までに改善のための必要な措置をとり、「是正報告書」を提出しなければなりません。

この是正勧告はあくまでも勧告なので、必ずしも指摘されたことすべてを是正する必要はありません。法令違反ではないと考える事項については、労働基準監督署や社会保険労務士と話し合いの上、適切な対応をとります。

しかし、是正勧告書の内容を無視したり、報告書に虚偽があった場合は、検察庁へ書類送検されて、懲役や罰金が課される可能性もありますので、注意しましょう。

第6章 その他の労働者の労務管理

1 派遣労働者① 派遣労働のしくみ

店舗の戦力として、パートタイム労働者と同様、重要になっているのが派遣労働者です。

派遣労働者は派遣元(人材派遣会社)と派遣先(派遣を依頼した会社)との労働者派遣契約に基づいて、派遣元から派遣先へ派遣された労働者です。パートタイム労働者と異なるのは、派遣労働者が労働契約を結んでいるのはあくまでも派遣元であり、派遣先とは業務上の指揮命令関係にあるにすぎないという点です。

この三者の労働法上の関係を整理すると、以下のとおりとなります。

① 派遣元と派遣労働者の関係

派遣元は派遣労働者と労働契約を締結しているので、賃金支払義務を負うのはもちろん、時間外・休日労働協定の締結、年次有給休暇、賃金、割増賃金、産前産後休暇、災害補償、一般的健康管理などの基本的な責任を負います。

② 派遣先と派遣労働者の関係

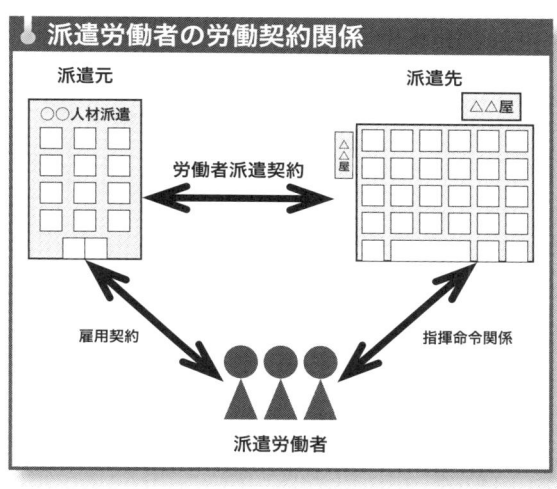

派遣労働者の労働契約関係

派遣元 ○○人材派遣 ←労働者派遣契約→ 派遣先 △△屋

雇用契約／指揮命令関係

派遣労働者

雇用関係ではなく、指揮命令関係があるだけですが、派遣先は実際に派遣労働者を使用する立場にあるので、労働時間、休憩、休日、深夜業、危険有害業務の就業制限などについて具体的管理の責任を負います。なお、残業をさせたい場合は派遣労働者と派遣元との間に36協定が結ばれている必要があります。

③派遣元と派遣先の関係

労働者派遣契約の内容として、派遣労働者が従事する業務の内容や所在地、勤務時間、指揮命令に関して明確にする必要があります。

なお、派遣労働者にもパートタイム労働者と同様、育児休業や介護休業、看護休暇の取得は認められますが、これらの休業を与える義務はあくまでも派遣元が負います。

2 派遣労働者② 派遣期間

派遣労働者を受け入れる場合、その業務の内容によって、派遣期間に制限があります。

一般的な業務を行う派遣労働者の派遣期間は原則として1年が上限とされていますが、派遣先が事業場の労働者の過半数代表者から意見聴取を行った場合は、3年まで受け入れることができます。ただし、政令で定められている専門26業務（次ページの図表参照）の派遣労働者については、派遣期間の上限はありません。

また、直前の派遣期間と次の派遣期間の間が3カ月を超えている場合、派遣期間の継続とは見なされないので、同じ業務に再度受け入れることができます。さらに、派遣契約は派遣元と派遣労働者の合意があれば、前述の派遣制限期間の範囲内で更新することができます。一方、派遣先は正当な理由なく一方的に派遣契約を解除することはできません。解除する場合、派遣先は契約解除しようとする日の30日以上前に予告するか、30日分以上の賃金相当の損害賠償を支払う必要があります。また、派遣先の事情で派遣契約が解除され

派遣期間の上限がない専門26業務

① コンピュータシステム・プログラムの設計・保守業務
② 設備設計・製図業務
③ 放送制作における映像音声機器などの操作業務
④ 放送番組などの演出業務
⑤ 事務用機器の操作業務
⑥ 通訳,翻訳,速記業務
⑦ 管理的地位にある者の秘書業務
⑧ ファイリング業務
⑨ 新商品の開発,販売のための調査整理・分析業務
⑩ 財務処理業務
⑪ 取引文書作成業務
⑫ 機械の紹介・説明業務
⑬ 旅程管理業務,送迎サービス業務
⑭ 建築物清掃業務
⑮ 建築設備運転,点検,整備業務
⑯ 受付案内業務
⑰ 科学的知識を用いた製造方法開発業務
⑱ 企業の調査,企画,立案業務
⑲ 出版物編集業務
⑳ デザイン考案,設計,表現業務
㉑ インテリアコーディネート業務
㉒ 放送番組等の司会業務
㉓ 事務用機器操作の指導業務
㉔ 商品説明,相談,勧誘業務
㉕ 機械など,プログラム,金融商品の説明相談・勧誘業務
㉖ 放送番組などの制作における大道具,小道具,製作,設置,配置,操作,搬入または搬出業務

た場合でも、残りの派遣期間、派遣元は派遣労働者を雇用する義務があります。

なお、派遣期間の制限を超えたとき、派遣労働者が派遣先に雇用されることを希望し、派遣先も引き続き使用したい場合は、派遣先は派遣労働者に対して、正社員として直接雇用の申込をしなければなりません。派遣期間の上限がない専門26業務であっても、派遣先が3年以上継続して同じ派遣労働者を受け入れていて、新たに労働者を雇用する場合は、その派遣労働者に対して、直接雇用の申込をする義務があります。その他、1年以上同じ派遣労働者を受け入れた派遣先が新たに労働者を雇用する場合は、その派遣労働者を直接雇用するように努めなければなりません。

3 高年齢者の雇用

 少子高齢化の深刻化による労働力減少に対処するために、高年齢者の雇用の継続、および再就職の促進、能力の有効活用が大きな課題になっています。
 高年齢者雇用安定法により、事業者は従来60歳とされてきた定年を平成18年から25年までに段階的に65歳まで引き上げることが義務づけられ、①定年の引上げ、②継続雇用制度の導入、③定年の定めの廃止のうち、いずれかの措置をとらなくてはなりません。
 この中で②継続雇用制度は、現に雇用している高年齢者を嘱託などの形で定年後も引き続き雇用する制度です。高年齢者の安定した雇用が確保されるものであれば、必ずしも労働者の希望に合致した職種や労働時間を反映した労働条件である必要はなく、パートタイム労働者として雇用することも可能です。
 また、継続雇用制度を導入する場合は、原則として希望者全員を対象とすることが求められますが、労使協定によって対象となる高年齢者の基準を定めることができます。ただ

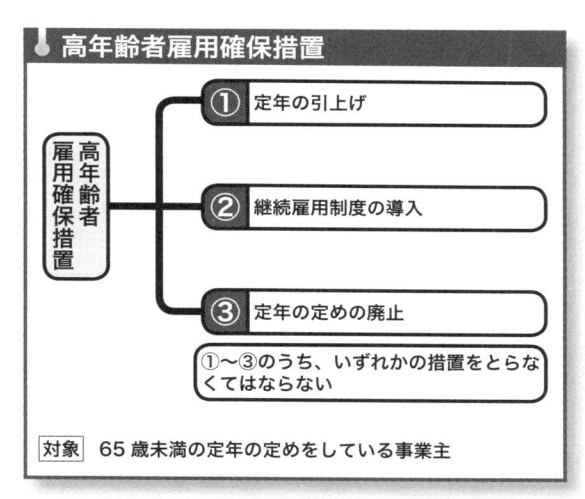

高年齢者雇用確保措置

高年齢者雇用確保措置
1. 定年の引上げ
2. 継続雇用制度の導入
3. 定年の定めの廃止

①〜③のうち、いずれかの措置をとらなくてはならない

対象 65歳未満の定年の定めをしている事業主

し、事業主が恣意的に特定の労働者を排除するような内容の基準は認められません。

一方、事業主の都合による解雇、または継続雇用制度の対象となる基準に該当しなかったことにより、離職が予定されている高年齢者（45歳以上65歳未満）が希望する場合、事業主は在職中のなるべく早い時期から、その高年齢者が主体的に求職活動を行えるように、職務の経歴や職業能力など再就職に資する事項および事業主が講ずる再就職援助措置を記載した求職活動支援書を作成して、本人に交付しなければなりません。

このほか、定年引上げを実施したり、定年の定めを廃止した中小企業に対しては、奨励金や助成金の支給制度があります。

4 児童、年少者、未成年者の雇用

児童や年少者、未成年者を店舗でアルバイトとして使用する場合、パートタイム労働者として使用者にはこれまで説明した労働条件の明示義務や賃金支払・労働時間・休憩・休日などの原則を適用する義務があるほか、それぞれについて次のような制約を受けます。

①児童の場合

15歳未満および満15歳になってから最初の3月31日がすぎていない児童を労働者として使用することは原則として禁じられています。例外として満13歳以上の児童について、健康や福祉に有害でなく、かつ軽易な労働であれば、所轄の労働基準監督署の許可を受けることで、修学時間外に使用することができます。

②年少者の場合

年少者とは満18歳未満の者を言います。年少者を深夜労働（22時から翌朝5時までの間）させたり、酒席に侍する業務や特殊な遊興的接客業（バー、キャバレー、クラブな

年少者の労働

満18歳未満の年少者

↓

禁止

↓

① 深夜労働
② 危険有害業務
③ 時間外労働、休日労働
④ 法定労働時間・休憩時間に関する特例

ど)における業務などの危険有害業務で使用することは禁じられているほか、時間外労働や休日労働させることはできません。また、年少者を使用する場合、使用者は年齢証明書を事業場に備え付けなければなりません。そのほか、72ページで説明した法定労働時間の特例事業所(常時雇用する労働者が10名以下の小売店や飲食店など)の規定(週44時間)は年少者には適用されず、通常の法定労働時間(週40時間)が適用されます。

③ 未成年者の場合

未成年者とは満20歳未満の者を言います。未成年者との労働契約は、法定代理人(親権者あるいは後見人)の同意を得た上で、必ず本人と行わなくてはなりません。

5 障害者の雇用

「障害者雇用促進法」は障害者（身体障害者、知的障害者、精神障害者）の雇用や就労の促進を目的に制定されました。具体的には、一定規模の事業主に対して障害者雇用率を設定し、それを上回る数の障害者を雇用する義務を課しています。

この障害者雇用率は、一般の民間企業（常時雇用する週労働時間が30時間以上の労働者が56人以上）が1.8％、特殊法人等、国および地方公共団体は2.1％、一定の教育委員会は2.0％と決められており、対象となる事業主は年に1回厚生労働大臣に自社の障害者雇用状況について報告しなければなりません。雇用率を達成していない事業主に対しては勧告などが行われます。

また、障害者の雇用は使用者にとっても経済的負担となるため、障害者雇用率未達成の事業主に納付金を課して徴収し、これを法定率以上の数の障害者を雇用する事業主に雇用調整金や報奨金として支給する制度もあります。

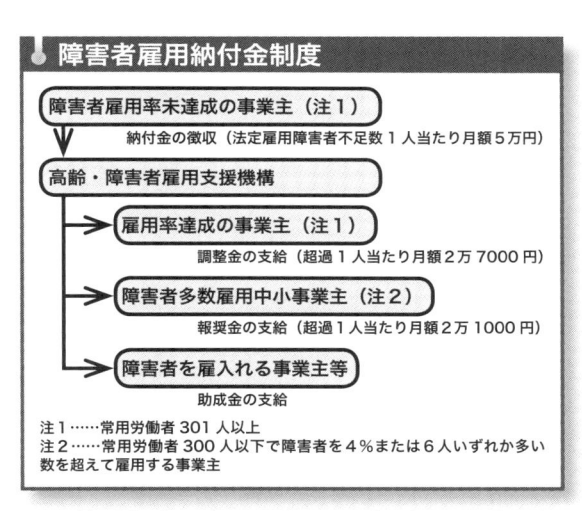

障害者雇用納付金制度

障害者雇用率未達成の事業主（注1）
↓ 納付金の徴収（法定雇用障害者不足数1人当たり月額5万円）

高齢・障害者雇用支援機構
→ **雇用率達成の事業主（注1）**
　　調整金の支給（超過1人当たり月額2万7000円）
→ **障害者多数雇用中小事業主（注2）**
　　報奨金の支給（超過1人当たり月額2万1000円）
→ **障害者を雇入れる事業主等**
　　助成金の支給

注1……常用労働者301人以上
注2……常用労働者300人以下で障害者を4％または6人いずれか多い数を超えて雇用する事業主

具体的には、常用雇用労働者数が300人を超えており、障害者の雇用率が1.8％に満たない会社は、未達成の障害者1人につき月額5万円の障害者雇用納付金を納めなくてはなりません。その一方、法定雇用率を超えて障害者を雇用している会社に対しては、上の図のように雇用調整金あるいは報奨金が支給されることになっています。

なお、現状の制度では週労働時間が20〜30時間のパートタイム労働者の障害者を雇用した場合、重度障害者を除いて前出の障害者雇用率に算入することができません。ただし、将来的にはこの算定基準の見直しが行われて、パートタイム労働者も算入される可能性もあるので今後の法改正に注意しましょう。

6 外国人の雇用

外国人が日本で就労する場合、たとえ不法就労者であったとしても、日本の労働基準法その他の労働法規の適用を受けることには変わりはありません。逆に言うと、外国人だからという理由で不当に安い賃金や劣悪な労働条件で働かせるのは違法になります。

外国人を雇用する際に最も重要なのが在留資格です。これは外国人が日本で活動する目的を入国管理法で27に分類したもので、この中で就労が許されている在留資格を持っていなければ日本では就労できません。当然、外国人をパートタイム労働者として雇用する場合も就労できる在留資格を持っていることが大前提となります。

留学生や就学生の場合、本来は就労不可ですが、法務大臣の資格外活動許可を得ている場合はアルバイトとして労働させることができます。ただし、本来の活動（学業）の遂行を阻害しないと認められる場合に限られ、また風俗営業や風俗関係営業に関係する仕事ではないことが条件となります。そのほか、日本企業で働く外国人の配偶者も「家族滞在」

在留資格

就労に制限がないもの	永住者、日本人の配偶者等、永住者の配偶者等、定住者
一定範囲で就労が可能なもの	教授、芸術、宗教、報道、投資・経営、法律・会計業務、医療、研究、教育、技術、人文知識・国際業務、企業内転勤、興行、技能、外交、公用、特定活動
就労ができないもの	文化活動、短期滞在、留学、就学、研修、家族滞在

として通訳や翻訳などの仕事をすることができきますが、働くことのできる時間は決められています。（上の図参照）。

なお、不法入国あるいは在留期間を超えて滞在するなど正規の在留資格を持たなかったり、在留資格で認められた活動の範囲を超えて就労している、いわゆる不法就労外国人を雇用している場合、労働者本人に強制退去などの処分が科せられるだけでなく、使用者やその斡旋者にも罰則（3年以下の懲役または200万円以下の罰金）が適用されます。

また、外国人を雇用している使用者は、雇入れと離職時にその氏名や在留資格、在留期間などを公共職業安定所に届け出なければなりません。

第7章 契約に関する法律知識

1 契約の成立と契約書

店舗の運営にはさまざまな契約が絡んできます。まず、商品やサービスをお客様に販売したり、逆にメーカーや問屋から仕入れる場合には売買契約が、次に、パートタイム労働者などの労働者を雇用する場合には労働契約が、さらに店舗の物件を建物の所有者から賃貸借する場合には賃貸借契約が絡んできます。この他にも、ビジネス形態によっては、フランチャイズ契約や代理店契約、委託販売契約、ライセンス契約を交わすこともあります。

このように契約は店舗の運営の根幹をなす重要な行為ですが、原則として当事者間の「意思の一致」があったときに正式に成立するとされています。たとえば、売買契約であれば、コンビニでお客様が弁当をレジに持ち込んで「これをください」と言い（申込）、その時点で法的に契約が成立したことになります。したがって、契約は契約書を交わさずに口頭のみでも成立します。

ただし、実際のビジネスでは、前出の事例のように契約の成立と同時に商品の引渡しと

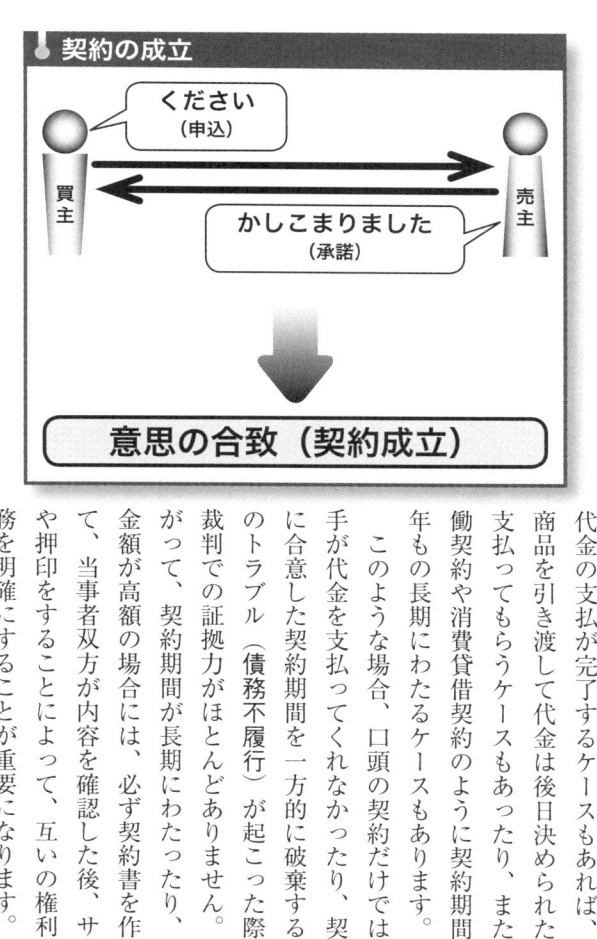

契約の成立

- くださいない（申込）
- かしこまりました（承諾）

買主 ／ 売主

意思の合致（契約成立）

代金の支払が完了するケースもあれば、先に商品を引き渡して代金は後日決められた日に支払ってもらうケースもあったり、また、労働契約や消費貸借契約のように契約期間が何年もの長期にわたるケースもあります。

このような場合、口頭の契約だけでは、相手が代金を支払ってくれなかったり、契約時に合意した契約期間を一方的に破棄するなどのトラブル（債務不履行）が起こった際に、裁判での証拠力がほとんどありません。したがって、契約期間が長期にわたったり、取引金額が高額の場合には、必ず契約書を作成して、当事者双方が内容を確認した後、サインや押印をすることによって、互いの権利と義務を明確にすることが重要になります。

2 契約の機能

契約は単なる「約束」とは違います。なぜなら、意思の合致により契約を交わした当事者は互いに相手に対して一定の義務を負うと同時に、権利を得ることになるからです。

たとえば、ある商品を売買する契約を結ぶと、売り手は商品を買い手に引き渡す義務を負うと同時に、買い手から代金を受け取る権利を取得します。逆に、買い手は売り手に代金を支払う義務を負うと同時に、売り手から商品を受け取る権利を取得するのです。

そして、当事者の一方が契約に違反して義務を履行しない場合、相手方は裁判所に訴えて、義務を強制的に履行させたり、損害賠償を求めたり、あるいは契約を解除することができます。このように国家が裁判所を通じて法律的な強制力を持たせることができるのが契約と単なる約束の大きな違いです。

したがって、いったん契約が合法的に成立したら、当事者の一方が勝手に契約を取り消したり、内容を変更することはできません。成立した契約を取り消せるのは次の場合に限

第7章 契約に関する法律知識

契約を取り消すことができる場合

① 相手の債務不履行などを理由に契約を解除する場合（法定解除）

② 契約で認められている解除権を行使する場合（約定解除）

③ 当事者同士の合意によって契約を取り消す場合（合意解除）

④ 契約成立の際に問題があり、意思表示の取消や無効が認められる場合

られています。

① 相手方の債務不履行などを理由に契約を解除する場合（法定解除）

② 契約で解除権が定められており、その解除権を行使する場合（約定解除）

③ 当事者同士の合意によって契約を取り消すことになった場合（合意解除）

④ 契約成立の際に問題があり、意思表示の取消や無効が認められる場合

なお、当事者の一方が義務を履行しない場合、相手方が法律上の手続を踏まずに自分の力で履行させることは「自力救済の禁止」と言って法律で禁止されています（例 代金が支払われないのを理由に、相手から納品した製品を引き揚げたり、代金を回収するなど）。

141

3 契約書

契約書を作成する意味は、契約の当事者双方の法律関係を明確にして、互いに相手方に対して契約上の義務を実行させる強制力とするとともに、不幸にも裁判沙汰になった際に第三者である裁判所に事実関係を証明するものとして提出するためにあります。

契約書の書式は法律で特に定まってはいません。タイトルが「契約書」ではなく、「覚書」「念書」「協定書」「確認書」などになっていても、その内容が双方の権利と義務について明確にしたものであれば、契約書として扱われ、効力も違いはありません。

また、実際の取引では、契約書を交わすことが煩わしかったり、契約書を交わす前に取引が始まってしまうこともよくあります。そのような場合は以下に挙げるものでも、契約書に代わるものとして扱うことができます。

① 合意メモ

取引の条件（売買代金、引渡し時期、代金の支払方法・支払時期など）を記載したメモ

標準型契約書の例

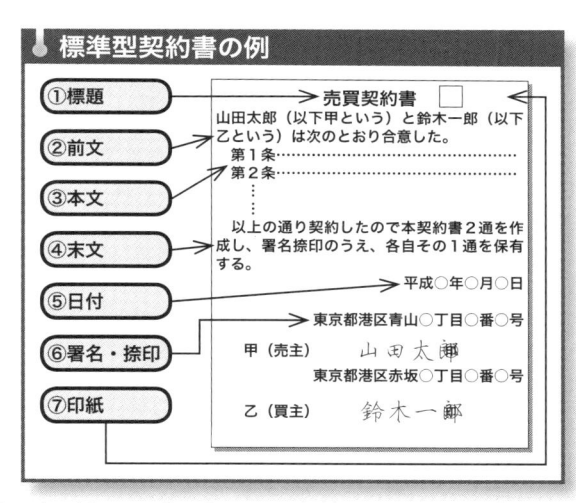

① 標題 → 売買契約書

② 前文 → 山田太郎(以下甲という)と鈴木一郎(以下乙という)は次のとおり合意した。

③ 本文 → 第1条……
第2条……

④ 末文 → 以上の通り契約したので本契約書2通を作成し、署名捺印のうえ、各自その1通を保有する。

⑤ 日付 → 平成○年○月○日

⑥ 署名・捺印 →
東京都港区青山○丁目○番○号
甲(売主)　山田太郎㊞
東京都港区赤坂○丁目○番○号
乙(買主)　鈴木一郎㊞

⑦ 印紙

を作成して相手にサインしてもらえば、契約内容を証明する証拠となりえます。

② 発注書(注文書)

発注書は契約の申込を証明する文書にすぎず、そのままでは契約書の代わりになりえませんが、この注文書に対して相手方からの承諾を示す注文請書、あるいは承諾の意思を示した信書(手紙、ファックス、メールなど)があれば、両方を合わせて契約の成立を証明する文書になります。

③ 領収書・納品書など

領収書や納品書は金銭や物品・サービスの授受、代金の支払があったことを示す書類です。これらの書類でも契約関係の存在を証明することができます(次項で詳説)。

4 領収書

領収書は、店舗の運営で日常的に最もよく使われるビジネス文書と言えるでしょう。領収書は代金を受け取ったときに、代金を受け取った側が発行し、代金の支払があったことを証明するものです。

領収書は市販の領収書用紙を用いたもの以外に、コンビニやデパートなどで渡されるレシートのほか、名刺の裏やメモ紙などに「△△殿　○年○月○日　金□□円受領しました」という一文と受領者のサインや捺印が入っていれば、領収書として扱われます。

民法では、代金を支払う人は代金を受け取る人に対して領収書（法律では受取証書）の交付を請求できると定めています。これはすなわち、代金を支払う際に領収書の発行を求めて拒否された場合は、代金の支払を拒否することができることを意味します。

これは代金を支払ったかどうかが争われた場合に、代金を支払った人が二重に支払を請求される危険から守るためです。領収書をもらっておけば証明は簡単ですが、もらってい

領収書の例

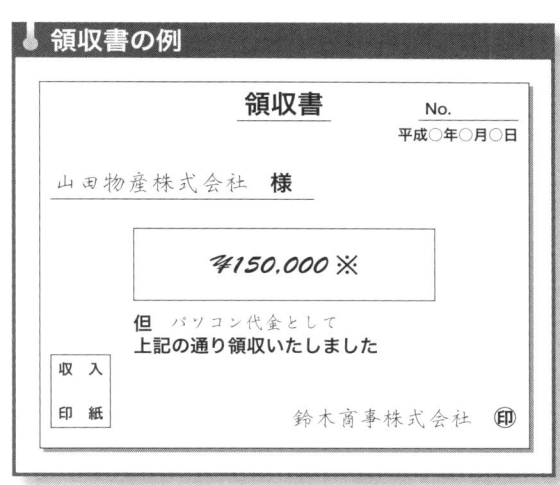

```
              領収書      No. _____
                         平成○年○月○日

  山田物産株式会社  様

  ┌─────────────────────┐
  │      ¥150,000 ※       │
  └─────────────────────┘

  但 パソコン代金として
  上記の通り領収いたしました

 ┌──┐
 │収入│
 │印紙│              鈴木商事株式会社 ㊞
 └──┘
```

ない場合、支払済みであることの証明はきわめて難しくなります。

そのほか、領収書は企業内部の経理処理においても重要な文書であり、税務署の調査を受けた場合には、仕入やその他の経費の支払があったことの証拠となります。

このように領収書はきわめて大事なビジネス文書なので、代金を支払う場合には必ず受け取り、また代金を逆に受領する場合には必ず発行するようにしましょう。

万が一もらった領収書を紛失してしまった場合、発行者に再発行をお願いすることになります。しかし、相手方には領収書の再発行義務はないので、紛失しないよう保管にはくれぐれも注意しましょう。

5 署名と記名押印

契約書や領収書などのビジネス文書はそれが誰によって作成されたか、より正確に言えば誰の名義で作成されたかが重要になります。

個人の取引であれば当事者である本人の名前が記されているのは当然ですが、企業などの法人による取引の場合は、原則としてその法人の代表者の名前で契約書や領収書などが作成されていなければ、契約自体が無効となります。そして、確かに本人または法人の代表者の名義で文書が作成されたことを証明するために、以下のような方法がとられます。

①署名

代表者本人が直筆でビジネス文書に社名と自分の氏名をサインすることを言います。日本以外の海外では一般的に行われている手法です。

②記名捺印

長い間の慣習に基づく日本独自の手法です。社名と代表者の氏名をゴム印やワープロな

署名・署名捺印（押印）・記名捺印（押印）の例

署名		山田太郎
記名捺印（押印）	印刷	山田太郎 ㊞
	ゴム印	**山田太郎** ㊞
署名捺印（押印）		山田太郎 ㊞

などで文書に記載した上で、代表者の印を押印します。

本人が確かに作成したという点では、①の署名のほうが証明力が高いと言えますが、法律的には②の記名捺印も同等の効力を持っています。特に日本では習慣的に印鑑を押すことに特別な意味を持たせており、ビジネスの現場では記名捺印が多く用いられています。

なお、印鑑の代わりに親指や人差し指に朱肉をつけて指紋を残す「拇印」や自分の苗字や頭文字などを手書きしてその周りを丸で囲む「書き判」も慣習的に用いられますが、この2つには署名や記名押印と同等の効力は認められていませんので、実務上は注意しましょう。

6 印鑑の種類

店舗で使われる印鑑には、一般に下記のようなものがあります。用途に合わせてそれぞれ使い分けましょう。

① 代表者印
会社の代表者の印鑑であり、設立時に法務局に登録されています。すべてのビジネス文書に実印が使われなければならないわけでありませんが、会社の登記申請や株式の発行には実印を使わなければなりません。また、契約書にも実印を使うことが一般的です。通常、「○○会社代表者之印」という文字が刻まれています。大きさは一辺が1センチを超え3センチ以内の正方形に収まるようにしなければなりません。形は四角形でも丸形でも大丈夫ですが、俗に「丸印」と呼ばれるように、丸形にするのが一般的です。

② 社印
請求書や領収書などに多く使われています。代表者印の「丸印」に対して、「角印」と

代表者印と社印の例

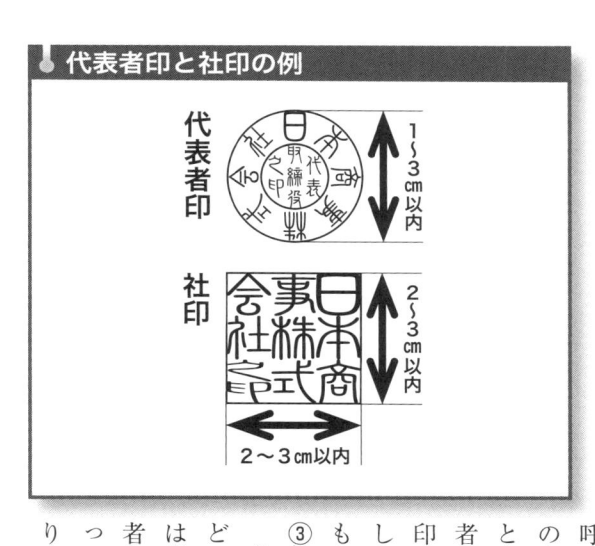

代表者印 1〜3cm以内

社印 2〜3cm以内 / 2〜3cm以内

呼ばれ一辺2〜3センチの四角形をしているのが一般です。通常は「〇〇会社之印」などと会社の名前が入っています。ただし、代表者印が実印であるのに対し、社印は単なる認印にすぎず、効力は劣ります。契約書に社印しか押されていない場合は代表者印も押してもらったほうが無難でしょう。

③ 役職者印

専務、常務、支店長、部長、課長、係長などの役職を入れた印鑑です。法的効力としては認印に近いものであり、その役職者が代表者から一定の権限を認められている場合に限って、役職者印の入った契約書でも有効となります。

7 印紙

印紙とは、企業が作成する文書のうち、印紙税法で定められた契約（例　不動産の譲渡、金銭消費貸借、請負など）に関する契約書や記載額が3万円以上（消費税を除く）の領収書、手形、小切手などに貼ることが義務づけられている証紙です。郵便局や郵便切手類販売所、あるいは印紙売りさばき所で購入することができます。

印紙は、当事者双方が署名または記名捺印する契約書には必ず貼らなければならないのが原則です。ただし、記載金額が3万円以上でも、弁護士や公認会計士、医師などが発行する領収書には印紙が不用となっています。

「契約書」というタイトルが文書についていなければ貼る必要がないということではなく、「覚書」とか「協定書」というタイトルでも、内容が契約の成立を証明していれば、印紙税法上の契約書として印紙を貼らなくてはなりません。

印紙が貼られていない場合、これはあくまでも納税したかどうかという印紙税法の問題

印紙を貼らなければならない主な文書と印紙額

① 不動産や営業権の譲渡、土地の賃貸借権設定または譲渡、消費貸借に関する契約（200円～60万円）

② 請負に関する契約（200円～60万円）

③ 約束手形または為替手形（200円～60万円）

④ 合併契約書、分割契約書、分割計画書（4万円）

⑤ 定款（4万円）

⑥ 継続的取引の基本となる契約書（4000円）

⑦ 領収書等（200円から20万円　＊ただし金額が3万円未満であれば非課税）

　なので、文書の効力そのものには影響がありません。しかし、1通につき印紙額とその2倍に相当する額の過怠税が科せられることになっています。また、不正な方法で印紙を貼るのを逃れようとした場合、1年以下の懲役か20万円以下の罰金が科せられます。印紙を貼るのを忘れるような企業、貼るのをごまかそうとする企業はそれだけで信用を失いますので、注意しましょう。

　文書に貼った印紙は文書作成に使った印または署名で消印をして、二度と使えないようにします。この消印をしていないと、印紙を貼っていても印紙額と同額の過怠税を徴収されますので注意が必要です。

8 手形① 手形とは

手形とは、商品やサービスを購入したり仕入れる際に、買い手が売り手に対して、手形に記載された支払期日に代金の支払を行うことを約束して振り出す有価証券です。支払期日が到来した後、手形の受取人は銀行などに手形を提出すれば、これを換金できます。

手形は、買い手（振出人）にとっては、振出の時点で資金に余裕がなくても支払期日までに決済できれば問題なく、掛けで商品やサービスを仕入れることができるというメリットがある一方、売り手（受取人）にとっては、支払期日に確実に債権回収することができる（支払期日に手形を決済できない場合、手形は「不渡処分」となり、これが2回続くと、振出人には「銀行取引停止」という重い処分が下され、事実上の倒産に追い込まれるため）という点でメリットがあり、ビジネスで広く用いられています。

振出人が手形を振り出すには、取引銀行との間に、当座勘定口座を開くことが必要です。

銀行が申請人が過去に不渡処分を出したことの有無や現在の信用状況を確認した後、問題

第7章　契約に関する法律知識

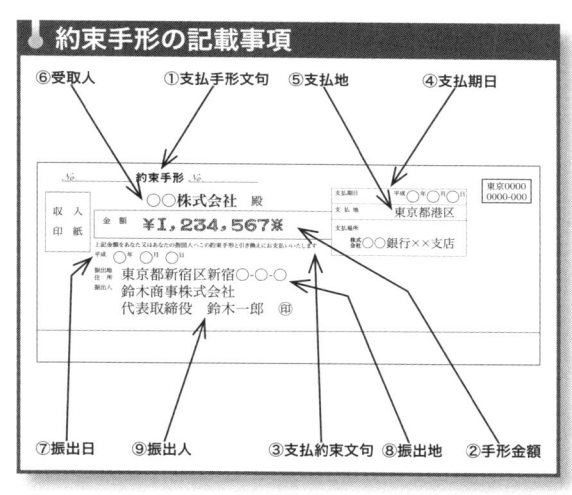

約束手形の記載事項

- ⑥受取人
- ①支払手形文句
- ⑤支払地
- ④支払期日
- ⑦振出日
- ⑨振出人
- ③支払約束文句
- ⑧振出地
- ②手形金額

なしと判断したら、当座勘定取引契約を締結し、手形を振り出すことが可能になります。

手形の書式は全国銀行協会連合会が制定した様式である「統一手形用紙」を使うことが一般的です。この様式では、①「約束手形」の文字、②手形の金額、③支払約束文句、④支払期日、⑤支払地、⑥受取人、⑦振出日、⑧振出地、⑨振出人の9カ所が記載されていない手形は無効となります。最も重要なのが②の手形の金額で、途中で変造されないように、一般的にはチェックライターを用いて、金額の前に「¥」、後ろに「※」や「★」を印字します。手書きの場合は「壱」「弐」「参」などの漢数字を使い、金額の前に「金」、後ろに「円也」と書き入れます。

9 手形② 手形の裏書と不渡り

手形の受取人は支払期日前に手形を第三者に譲渡して、手形を現金のように使うことができます。具体的には手形の裏面に署名あるいは記名捺印して譲渡の意思を示し、第三者に渡します。これを「裏書」と言い、裏書による手形の譲渡を「裏書譲渡」と言います。裏書によって、手形から発生する一切の権利が裏書人（現時点での手形所持者）から譲渡を受けた被裏書人（新たな手形所持者）に移転します。そして、被裏書人も同様に裏書することで手形を譲渡することができます。このように裏書人から被裏書人へ次々に転々と流通させることができるのも手形の持つ大きな特徴と言えます。

手形の最終的な所持者は手形の支払期日に手形を銀行に持ち込んで換金することができます。しかし、何らかの理由で手形が決済されず、支払が拒絶されることがあります。これを「手形の不渡り」と言い、支払を拒絶された手形を「不渡手形」と言います。

手形が不渡りになる事由には第0号事由、第1号事由、第2号事由の3種類があります

3つの不渡事由

①	**第0号不渡事由** 形式不備 裏書不備 呈示期間経過後 依頼返却など	不渡処分の対象にならない
②	**第1号不渡事由** 資金不足 取引なし	不渡処分 （異議申立が認められない）
③	**第2号不渡事由** 契約不履行 紛失 盗難 偽造 印鑑相違など	異議申立が認められる

（上の表を参照）。特に第1号事由は手形の振出人の資金不足を理由とするもので、この事由による不渡りを6カ月以内に2度出した振出人は「銀行取引停止処分」となり、以後2年間銀行との取引ができず、事実上の倒産に追い込まれてしまいます。またこのとき、不渡りになった手形の所持人は自分の前の裏書人に手形金を請求することができます。

このように手形は前項で説明したような便利な側面がある一方、振出人にとっては不渡りになったときの代償が極めて大きいこと、逆に受取人にとっても不渡手形をつかまされるというリスクがあります。手形の取扱いにあたってはより詳細な専門書を読んで、正しい知識を身につけましょう。

10 フランチャイズ契約① ビジネスのしくみ

1970年代以降、日本でもコンビニエンスストアなどの小売業を中心に、外食産業、サービス業などで急速に定着していったのがフランチャイズビジネスです。

フランチャイズビジネスとは、事業者(フランチャイザー=本部)が他の事業者(フランチャイジー=加盟店)との間に契約を結び、自己の商号・商標の使用権や店舗運営のシステム、営業ノウハウ、経営に関する継続的な指導・援助を提供するのと引き換えに、加盟店から加盟金(契約金)や売上に応じたロイヤルティなどを徴収するビジネスです。

フランチャイズビジネスにおいて重要なのは、フランチャイザーとフランチャイジーはともに独立した事業体であり、契約によってそれぞれの権利と義務を負うという点です。

以上のことから、フランチャイズビジネスは次のような長所と短所があります。

【フランチャイザーにとって】

直営店を作るのと比べて、一般に低コストで短期間に事業の拡大やブランドの確立を図

フランチャイズ契約のしくみ

本部
（フランチャイザー）

○○株式会社

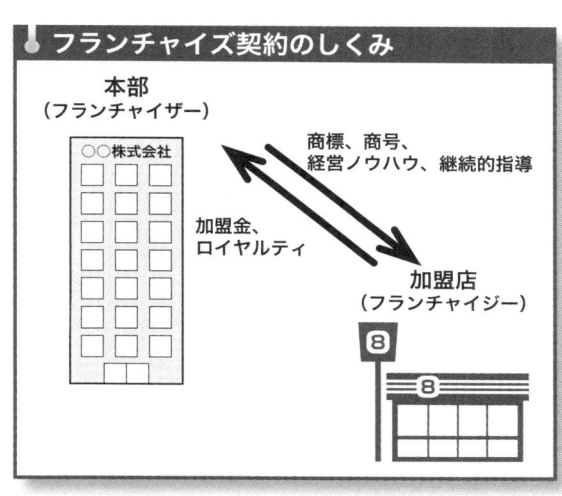

商標、商号、
経営ノウハウ、継続的指導

加盟金、
ロイヤルティ

加盟店
（フランチャイジー）

ることができたり、フランチャイジーからの安定したロイヤルティ収入が望めるなどのメリットがあります。しかし、その反面、業績不調のフランチャイジーがあっても、独立事業主なのでフランチャイジーの意思で簡単に代えることができません。

【フランチャイジーにとって】

開業から運営に至るまでのノウハウをフランチャイザーから提供してもらい、そのブランド力やマーケティング力を利用して、早期から安定した経営が期待できるなどのメリットがあります。しかし、その反面、独立事業主なので経営リスクは自分で負わなければならず、売上不調でもロイヤルティの支払義務があるのが一般です。

11 フランチャイズ契約② 契約締結における注意事項

フランチャイズビジネスはフランチャイザーとフランチャイジー双方にとって短時間で事業を拡大させることが期待できるという意味でメリットの多い手法ですが、同時にフランチャイザー自身のノウハウ不足や事業拡大優先による強引な勧誘と、それに対するフランチャイジーの店舗経営に関する理解不足・経験不足やリスク管理不足によって失敗し、フランチャイジー側が泣き寝入りするケースが多くあります。

フランチャイズビジネスはあくまでも契約に基づく事業者間の取引なので、フランチャイジー側も契約を締結する際には十分気をつける必要があります。具体的には、以下のようなことに留意しましょう。

① 契約前
- 加盟するフランチャイズチェーンの次ページに挙げたような点について事前に十分な調査を行ったか

フランチャイザーについて事前にチェックしておくべき点

- 経営理念
- 立地や商圏
- 収益予測
- 契約による制約
- クーリングオフ制度
- 悪質な事業者

・開業資金は十分に確保しているか

② **法定開示書面（次項で詳説）のチェック**
・フランチャイザーから法定開示書面を受け取り、十分な説明を受けたか
・特に以下の項目の内容についてよく確認したか（加盟金、保証金、教育・訓練費、店舗取得費用、運転資金、開業時仕入代金、開業準備金、工事費、ロイヤルティ、広告宣伝費、人件費）

③ **契約時**
・契約書と法定開示書面の内容は同じか
・そのほか、契約書の以下の部分についてよく確認したか（経営指導、システムやノウハウの提供、開店前の教育訓練、テリトリー、契約譲渡の禁止、裁判管轄など）

12 フランチャイズビジネス③ 法定開示書面

フランチャイズビジネスは、フランチャイザーがあらかじめ用意した契約内容をフランチャイジーが受け入れるのが一般的であり、契約期間が長期にわたるため、フランチャイジー側が契約の内容をよく理解しておくことが重要です。

中小小売商業振興法では、小売や飲食のフランチャイズビジネス（条文では特定連鎖化事業）を行うフランチャイザーが新規にフランチャイジーと契約を締結する際には、あらかじめ定められた22項目（次ページの上の表）について、事前に書面を交付して、説明しなければならないと定めています。

また、フランチャイズシステムにおけるフランチャイザーとフランチャイジーの関係が、独占禁止法上の「不公正な取引方法」（ぎまん的顧客誘引、優越的地位の濫用）に抵触するかどうかについて、公正取引委員会が策定公表したガイドラインがあり、次ページ下の図のような8項目について、契約する前に開示することが望ましいとされています。

第7章 契約に関する法律知識

法定開示項目

1．中小小売商業振興法における開示項目
①本部事業者の氏名および住所、従業員の数（法人の場合はその名称、住所、従業員数、役員の役職名および氏名）
②本部事業者の資本の額または出資の総額および主要株主の氏名または名称、他に事業を行っているときはその種類
③子会社の名称および事業の種類
④本部事業者の直近三事業年度の貸借対照表および損益計算書
⑤特定連鎖化事業の開始時期
⑥直近の三事業年度における加盟者の店舗の数の推移
⑦直近の五事業年度において、フランチャイズ契約に関する訴訟の件数
⑧営業時間・営業日および休業日
⑨本部事業者が加盟者の周辺の地域に同一または類似の店舗を営業または他人に営業させる旨の規定の有無およびその内容
⑩契約終了後、他の特定連鎖化事業への加盟禁止、類似事業への就業制限その他加盟者が営業禁止または制限される規定の有無およびその内容
⑪契約期間中・契約終了後、当該特定連鎖化事業について知り得た情報の開示を禁止または制限する規定の有無およびその内容
⑫加盟者から定期的に徴収する金銭に関する事項
⑬加盟者から定期的に売上金の全部または一部を送金させる場合はその時期および方法
⑭加盟者に対する金銭の貸付、または貸付の斡旋を行う場合はそれに係る利率または算定方法およびその他の条件
⑮加盟者との一定期間の取引より生ずる債権債務の相殺によって発生する残額の全部または一部に対して利率を附する場合は、利息に係る利率または算定方法その他の条件
⑯加盟者に対する特別義務店舗構造または内外装について加盟者に特別の義務を課するときはその内容
⑰契約に違反した場合に生じる金銭の支払その他義務の内容
⑱加盟に際し徴収する金銭に関する事項
⑲加盟者に対する商品の販売条件に関する事項
⑳経営の指導に関する事項
㉑使用される商標、商号、その他の表示
㉒契約の期間ならびに契約の更新および解除に関する事項

2．フランチャイズガイドラインにおける開示が望ましい事項
①加盟後の商品などの供給条件に関する事項（仕入先の推奨制度など）
②加盟者に対する事業活動上の指導の内容、方法、回数、費用負担に関する事項
③加盟に際して徴収する金銭の性質、金額、その返還の有無および変換条件
④ロイヤルティの額、算定方法、徴収の時期、徴収の方法
⑤本部と加盟者の間の決済方法のしくみ・条件、本部による加盟者への融資の利率などに関する事項
⑥事業活動上の損失に対する保証の有無およびその内容ならびに経営不振となった場合の本部による経営支援の有無およびその内容
⑦契約の期間ならびに契約の更新、解除および中途契約の条件・手続きに関する事項
⑧加盟後、加盟者の店舗の周辺地域に、同一またはそれに類似した業種を含む業種を営む店舗を本部が自ら営業することまたは他の加盟店に営業させることができるかいなかに関する契約上の条項の有無およびその内容ならびにこのような営業が実施される計画の有無およびその内容ならびにこのような営業が実施される計画の有無およびその内容

第8章
店舗運営に関わるさまざまな法律の概略

1 風営法

「風俗営業等の規制及び業務の適正化等に関する法律」を略して風営法と呼びます。

性風俗関連店舗以外にも、一般的にホステスなどによる接待などが発生する飲食店(バーやスナック、メイドカフェなど)や遊戯施設(ゲーム機・パチンコ・スロット・麻雀など)を備えた店舗、ダンスホールやDJクラブなど、またネットカフェでも間仕切りで個室状態にしている場合は、この風営法に則った許可が必要となります。

風営法は、これらの店舗の営業時間や営業内容、入場年齢、構造設備、立地場所などを規制し、違反の場合は懲役や罰金などの刑法上の処罰を課します。したがって、これらの点で、風営法に抵触する可能性がある場合は、都道府県の公安委員会に相談しましょう。

次ページの表は風営法に関連する店舗が注意すべき点をいくつか挙げたものです。店舗の責任者としてこれらの法令遵守は基本ですが、これらは店舗で勤務している従業員にも意識させる必要があり、場合によっては業務に組み込むべき要素も存在します。

風営法関連で店舗が注意すべき点

- 営業許可証のカウンター正面や入り口付近などの見やすい場所への掲示
- 店内照明の一定の明るさの確保
- 深夜0時までの営業（例外あり）とその明示
- 時間帯による年齢制限（16歳未満は18時以降入店禁止、18歳未満は22時以降入店禁止など）とその明示
- カーテンや壁など視界や通行を妨げる仕切りの制限
- 遊戯で使用する玉やメダルの店外持ち出しの禁止

たとえば、時間帯による年齢制限を徹底するためには、入り口などでの掲示だけではなく、店内放送や従業員の声かけなどで退店を促さなければなりません。もちろん保護者同伴でも不可です。また、パチスロのメダルなどの持ち出しが不可であることの明示と告知、さらに他店からの持ち込みチェックを行う場合もあります。さらに、照明の明るさも規定されており、むやみに照度を落としたり、極端に暗い場所を設けてはならないことになっています。

風営法対象店舗については、公安委員会による定期的な視察も行われますが、なにより健全な店舗運営と安全の確保を意識した営業を心がけるようにしましょう。

2 薬事法

薬事法は、医薬品等（医薬品、医薬部外品、化粧品、医療用具の4種類）に該当するものを許可なく製造したり、輸入・販売することを禁じている法律です。4種類それぞれについて「製造業許可」「製造販売業許可」があり、製造所や営業所のある都道府県に許可を申請します。また、それぞれに表示しなくてはならない事項が厳しく規定されています。人の健康に関わるものだけに、違反の場合は3年以下の懲役または300万円以下の罰金、もしくはこれらの併科という重い処分が下されます。

ただし、2006年に薬事法の一部が改正され、2009年以降は一般用医薬品（大衆薬）についてはこれまで薬剤師のいる薬局でしか販売できなかったものが、登録販売者のいるコンビニやスーパーでの販売が可能になるなどの規制緩和が見込まれています。

なお、近年はアロマテラピーなどの民間療法やサプリメントなどの健康食品が消費者の間で抵抗なく受け入れられている反面、販売・サービス業者や店舗が医薬品と混同するよ

第8章 店舗運営に関わるさまざまな法律の概略

健康食品の販売における表示・広告の薬事法上の注意点

★以下のような表現をしていないか

① 病気の予防、治療効果の標榜

② 身体の構造・機能に対する作用の標榜

③ 特定部位への栄養補給、改善、増強ができる旨の標榜

④ 栄養成分の体内における作用を示す表現

⑤ 新聞・雑誌などの記事や医師・学者の談話・推薦・経験談によって暗示する表現

⑥ 消費者にあたかも薬であるかのように思わせる表現

⑦ 動物実験などによる臨床データの掲載

⑧ 効果、効き目などの表現

うな紛らわしい効能や効果を宣伝文句に購買を煽ったり、無資格で医薬品の販売行為を行って摘発される事件が増加しています。健康食品はあくまでも「食品」であり、医薬品に認められているような効能や効果を標榜することはできません。よって、健康食品について医薬品と誤解されるような効能や効果を謳った場合、医薬品としての承認や許可を取得せずに広告や販売をしたと判断され、薬事法違反となります（上の図参照）。

前述したように薬事法違反には重い処罰が科されますので、自分の店舗の取扱商品およびサービス内容が法律に抵触していないかどうか、不安な点や不明な点があれば、厚生労働省に必ず問い合わせてみましょう。

3 美容師法・理容師法

美容師や理容師は養成施設において必要な知識および技能を修得し、試験に合格した人に限り、厚生労働大臣認定の資格を有することができます。美容師法と理容師法はその旨を定めているほか、実際に店舗を開設する際の衛生面や設備面について規定している法律です。

美容と理容の違いは、美容は「パーマネントウエーブ、結髪、化粧等の方法により、容姿を美しくすること」、理容とは「頭髪の刈込、顔そり等の方法により、容姿を整えること」とそれぞれ規定されています。

美容師（理容師）試験に合格した場合、厚生労働省における名簿に登録され、免許が交付されます。美容師（理容師）が複数いる事業者は、衛生管理の責任者として管理美容師（理容師）を設置しなければなりません。この管理理容師とは、美容師（理容師）歴が3年以上の者で、かつ都道府県知事指定の講習会を修了していることが条件となっています。

第8章 店舗運営に関わるさまざまな法律の概略

美容師法・理容師法上の店舗の義務

- 常に清潔に保つこと
- 消毒設備を設けること
- 採光、照明および換気を充分にすること
- その他、都道府県が条例で定める衛生上の必要な措置をとること

なお、法改正に伴い、美容師（理容師）の養成施設での課程が増え、それまで必修とされていた実地習練（インターン）制度は撤廃されました。

また、美容院や理容店を開設する際は、照明の明るさや床面積、消毒方法などが法律で細かく規定されています。具体的には、上の図に掲げたような措置をとらなければなりません。さらに、開設を届け出る際には、店舗面積だけでなく、床材質、照明の種類、設置器具の数量、消毒方法なども確認の上、提出することになっています。

美容所や理容所の開設にあたって不明な点があったら、管轄都道府県の保健所に相談し、詳しく確認しましょう。

4 製造物責任法（PL法）

製造物責任法は、製品の欠陥によって、消費者が身体や生命、もしくは財産などに損害を被った場合、製造業者や輸入業者の損害賠償責任を定めた法律です。被害者の過失でなくても、欠陥が立証されるだけで賠償の責任が生じる、消費者保護の法律です。また、メーカーに対して、取扱説明書などに正しい使用法などの明記を義務づけています。

したがって、直接製造や輸入をしていないかぎり、店舗には関わりのない法律ですが、自店の商品はもちろん、備品類や店内の装飾品などの安全管理は怠ってはなりません。

たとえば、万が一、お客様が購入した商品に不具合が生じた場合、まず店舗への問い合わせやクレームが想定されます。部品の欠損や安全性に関わらない欠陥、店舗での管理不十分による不具合の場合には、新品や同等品との交換もしくは返金対応で済むかもしれません。しかし、商品の安全性そのものの欠陥や説明書の不備がある場合は、メーカーなど製造者への取次ぎが必要になります。

PL法における欠陥

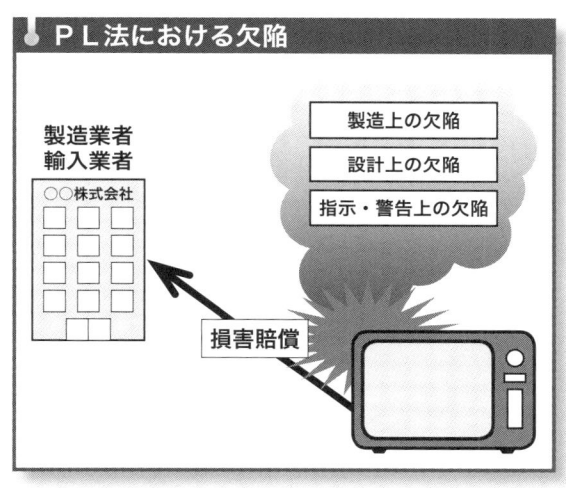

製造業者 輸入業者
○○株式会社

- 製造上の欠陥
- 設計上の欠陥
- 指示・警告上の欠陥

損害賠償

商品に関するクレームが出た場合、まずお客様の安全を確認して謝罪することです。その際、「損害を被った日時」「購入日時」「氏名など連絡先」「現在の状況」などは最低限確認し、可能であれば写真を撮っておきましょう。もちろん、現物は回収して責任を持って保管管理することが求められます。そのため、日頃から取扱商品のメーカーや取引業者の連絡先を把握しておきましょう。

店舗での対応で賄える内容の問い合わせであれば、なるべくスピーディに対処し、製造物責任法などに関連する可能性があるようならば、各企業のお客様相談室や最寄りの消費者センター、国民生活センターなどへ問い合わせるとよいでしょう。

5 食品衛生法

食品衛生法は、食品の安全性の確保のための規定を設けて、衛生上の危害の発生を抑止し、健康の保護を目的とした法律です。事業者は取り扱う飲食物や器具、包装などについて、安全性を確保する責任があり、賞味期限切れや異物混入などを防ぎ、徹底した管理が求められます。

また、食品衛生法は、食品表示の記載についても定めており、名称や消費期限、製造者、特定原材料（アレルギー原因物質）、保存方法などの明記も事業者がしなければならないことになっています。

そのほか、飲食店や喫茶店、惣菜店その他食品を販売する事業者は、開業の際に食品衛生法に基づく許可を得なければ営業行為を行うことができません。申請は各自治体の保健所にて行います。申請の主な流れは次ページの表の通りです。

また、店舗以外にも、自動車による飲食物の販売営業も同様の許可が必要となります。

第8章 店舗運営に関わるさまざまな法律の概略

飲食業などの申請の主な流れ

図面などを持参の上、保健所に相談する
（必ず工事着工前に行う）

↓

各種申請書の提出
（担当者と事前にできるだけ打ち合わせをしておく）

↓

保健所による立ち会い検査
（不適号箇所が合った場合は改善する必要がある）

↓

営業許可書の発行
（発行には時間を要するので開店まで余裕を持つ）

事前に保健所に相談の上、無理のない開店計画を立てるようにしましょう。

さらに、飲食店の開業には営業許可施設ごとに「食品衛生責任者」の有資格者の選任と保健所への届出も義務づけられています。この資格は調理師や栄養士、製菓衛生師などの資格を持っていれば不要ですが、有資格者がいない場合は、保健所が実施する講習を受けなくてはなりません。取得は短時間で可能ですが、日程によっては予約が取りづらいため、早めの取得が無難です。

営業の許可については、各都道府県により異なる部分がありますので、詳しくは保健所まで問い合わせください。

6 特定商取引法

特定商取引法は、訪問販売や通信販売(インターネットショッピングやインターネットオークションを含む)、電話勧誘販売などの無店舗販売、および語学教室やエステなどの事業を営む事業者を対象に、トラブル防止のルールを定めるための法律です。これらの事業を営む事業者に対しては、名称の明示義務や不当な勧誘・広告の規制が定められ、通信販売を除いて消費者はクーリングオフ制度を利用して、一定期間(取引によって異なる)は無条件で契約の解除をすることができます。

具体的には、次ページの表に掲げたような事業内容を営む場合は、特定商取引法の規制対象となり、トラブル防止のルールを遵守しなければなりません。また、ネットショップなどの事業者はこれらの販売行為を行うにあたり、主に次のような内容の明示が定められています。

・事業者の氏名、名称、所在地、連絡先など

第8章 店舗運営に関わるさまざまな法律の概略

特定商取引法によるクーリングオフ

	取引内容	期間	適用対象
(1)	訪問販売	法定契約書面を受領した日から8日間	キャッチセールス、SF商法などで契約した指定商品・権利・役務の取引
(2)	電話勧誘販売	法定契約書面を受領した日から8日間	資格取得用教材など、指定商品・権利・役務の取引
(3)	連鎖販売取引	法定契約書面を受領した日から20日間	健康食品、化粧品など、すべての商品・権利・役務
(4)	特定継続的役務提供	法定契約書面を受領した日から8日間	エステ、語学教室、学習塾、家庭教師派遣、パソコン教室、結婚相手紹介サービス
(5)	業務提供誘引販売取引	法定契約書面を受領した日から20日間	教材、チラシなどの購入を伴う内職。すべての商品・権利・役務

- 販売価格
- 代金支払時期、支払方法
- 商品代金以外の必要料金
- 返品（キャンセル）について
- 商品の引渡し時期
- 商品の内容（商品名、型式、数量、製造業社名など）

以上、項目は多岐にわたりますが、消費者保護の観点から、事業者には取引にあたって事実と異なる内容の告知や威圧的な販売が禁止されています。

さらに、訪問販売などで提示する書面上には、クーリングオフについて赤字で明記することになっています。詳しくは経済産業省のホームページなどで確認するとよいでしょう。

175

7 独占禁止法

独占禁止法は、自由な市場において、公正で自由な競争を促進し、経済的秩序を維持するための規則を定めた法律です。独占や不当な取引制限、不公正な取引方法を禁じ、違反の場合には公正取引委員会から処分を受けることもあります。

具体的には、特に次のような点を禁じています。

・私的独占の禁止……不当な手段で市場から他社を排除したり、新規参入を妨害してはならない、他社の事業活動に制約を与えて市場を独占してはならない

・不当な取引制限（カルテル・入札談合）の禁止……自主的に決めるべき商品の価格や販売数量などを共同で取り決めをしてはならない、公共工事などの入札で、事前に受注事業者や金額を決めてはならない

・不公正な取引方法の禁止……自由な競争が制限されるおそれのある取引を行ってはならない、取引において競争手段が公正とはいえない行為を行ってはならない（例　抱

第8章　店舗運営に関わるさまざまな法律の概略

独占禁止法上の不公正な取引方法の類型

1．共同の取引拒絶	9．不当な利益による顧客誘引
2．その他の取引拒絶	10．抱き合わせ販売等
3．差別対価	11．排他条件付取引
4．取引条件等の差別取扱い	12．再販売価格の拘束
5．事業者団体における差別取扱い等	13．拘束条件付取引
6．不当廉売	14．優越的地位の濫用
7．不当高価購入	15．競争者に対する取引妨害
8．ぎまん的顧客誘引	16．競争会社に対する内部干渉

き合わせ販売、不当廉売など）

公正取引委員会では、酒類、ガソリン、家庭用電気製品などにガイドラインを設け、不当に廉価で販売することを禁止しています。

また、メーカーなどが小売店に対して商品の取り扱いを制限するような行為や、販売価格を指定することも独占禁止法で規制されています。主に仕入れ価格を下回る値段はその対象となりますが、不人気の売れ残り商品やシーズンオフのもの、破損品などを処分価格で販売する場合はその限りではありません。

自分の店舗の販売方法や仕入方法が独占禁止法に抵触するかどうか不安な場合は、公正取引委員会のホームページなどに詳しく解説されていますので、確認してみましょう。

8 不当景品類及び不当表示防止法（景品表示法）

景品表示法は、独占禁止法と同様、公正取引委員会の管轄の下で公正な競争を維持するための法律で、商品やサービスの販売において、虚偽または誇大な広告、存在しない特典の表示などを禁じています。また、キャンペーンで行う懸賞やくじなどの景品類の最高額を定めており、事業者は過大に射幸心を煽ってはならないことになっています。

① 不当な表示の禁止

店内のPOPやポスター、チラシ、カタログ、各種広告類などで、事実に反して、あるいは客観的な根拠がないにもかかわらず、あたかも商品やサービスの品質が実際のものやライバルのものよりも著しく優良であるとした表示をしたり、消費者が購入するにあたって誤認するような取引条件を表示することを禁止しています。

② 過大な景品提供の禁止

プレゼントキャンペーンや懸賞は参加条件やその性格によって、景品の限度額が定めら

景品表示法による景品の限度額

1. 一般懸賞、共同懸賞の限度額

懸賞の種類	取引価額	景品類の最高額	景品類の総額の最高限度
一般懸賞	5,000円未満	取引価額の20倍	懸賞に係る売上予定総額の2%
	5,000円以上	10万円	
共同懸賞	金額にかかわらず30万円		同3%

2. 総付景品の限度額

取引価額	景品類の最高額
1,000円未満	200円
1,000円以上	取引価額の2/10

れています。過大な景品の設定は消費者の購買心理を煽り、混乱を招くきっかけとなりますので、店舗や企業の懸賞規模を確認したうえで景品類の設定を行うようにしましょう。

公正取引委員会は調査の結果が違反と判明した場合、排除命令や警告などの措置をとることができます。店舗が単独で実施する懸賞だけでなく、商店街などで共同実施による懸賞（共同懸賞）、購入者や来店者にもれなく景品類を提供する総付景品も対象となりますので、キャンペーンなどを計画する際には、あらかじめ設定の確認をするようにしましょう。

詳しくは公正取引委員会などで確認してみてください。

9 道路交通法

道路交通法は、道路における危険や障害を防止し、交通の安全と円滑を図ることを目的に、各種車両や歩行者などが安全に通行できる規定を定めたものです。交通ルールなどで私たちの生活にはとても身近な法律ですが、店舗の運営にあたっても、店舗前の看板の設置や広告宣伝活動などで、次のような留意すべき点が出てきますので注意が必要です。

・車両の適切な使用と駐車方法……店舗への備品搬入や荷物運搬などで車両を使用する場合、法律に則った取扱いが必要になります。また、お客様が路上駐車などのトラブルに巻き込まれないよう、店舗側の配慮も必要となります。

・車両使用者への酒類提供……当事者の飲酒運転による違反の場合はもちろんですが、提供した店舗側にも責任が発生します。

・集客のための映像の露出、宣伝カーなどの使用……道路に面した大きなモニターなどで宣伝や集客活動する場合、集まった人によって通行が妨げられる可能性があります。

第8章　店舗運営に関わるさまざまな法律の概略

店舗の前でビラやチラシを配る場合も道路交通法上の許可が必要です

・広告や宣伝のための印刷物（ビラ・チラシなど）の配布……歩道や広場でのビラ配布や路上での宣伝集客活動は、活動場所の道路使用許可が必要になります。

・通行の妨げになる看板やのぼり類の設置……これらの歩道や道路上への設置は、通行の妨げになる可能性があります。

都道府県や市町村が所有している路上での広告宣伝活動は、それぞれの地域の公安委員会で道路使用許可が必要となりますが、私有地の場合は所有者の許可も必要となります。

路上での宣伝活動は、一方的な集客行為のためトラブルに発展するケースもあり、複数の交渉が必要な場所での宣伝活動は行わないようにするのも選択肢のひとつです。

10 騒音規制法

騒音規制法は、工場や事業場における事業活動や建設工事で発生する騒音について規制を行う法律です。国民の生活環境を保全し、健康の保護を目的としたもので、設置される設備機器により規制の対象が変わります。

各自治体の指定地域ごとに、許容範囲の区分が明確にされており、建設工事などでは届出が必要で、騒音や作業時間の規制を受けます。

この騒音規制法は、主に建築や工事現場、工場などで関連してくる法律ですが、店舗運営においても、近隣住民や自治体との連携をとるべく、発する騒音についての認識が必要となります。

特に、深夜営業を行う店舗では、設備機器類の音だけでなく、カラオケやBGM、集客のための音声、さらに深夜・早朝の商品搬入時の自動車のエンジン音、シャッターの開閉音などにも配慮すべきでしょう。騒音によって健康を害する者が出たり、生活環境が脅か

第8章　店舗運営に関わるさまざまな法律の概略

店舗から発生する音には普段から十分注意する必要があります

される場合、自治体は営業時間の制限などの措置をとることができるようになっているので、注意が必要です。

店舗運営においては、前述したような音に関する多くの要素が存在します。これらは深夜になると、意外と響き渡るものです。音には慣れが生じてしまうため、従業員など店舗側にとっては認識しづらい点でもあります。

騒音にまつわるトラブルは、主に感情的な要素が含まれるため、長期化する例も少なくありません。日頃から近隣とのコミュニケーションを大切にし、店舗が発する騒音についての情報を収集しておくことも対策としては有効でしょう。

11 消防法

消防法は、火災を予防し、災害による被害を軽減するため、対象となる建物別に消防設備基準を定めた法律です。消防用設備の設置維持や防火管理者の選任、建築基準などが制定され、定期的に設備点検を行い、消防署に報告するよう義務づけられています。

具体的には、学校や病院、工場、百貨店（大規模小売店）、飲食店や小売店（収容人員による）などに対して、防火管理者を設置することや消防計画の作成ならびに避難訓練の実施、消火設備の設置点検などが義務づけられています。

また、避難通路や消防設備スペースの確保も同様に義務づけられ、定期点検においての確認作業が必須となります。誘導灯や消火器、非難器具の設置も必要となり、店舗面積などにより数量と設置場所も指定されます。

店舗の運営においては、主に次ページの表のような点を確認し、維持徹底しなければなりません。

消防法上の店舗のチェックポイント

- 避難通路上に物品が置かれていないか
- 非難器具がすぐに使用できる環境にあるか
- 非難器具の使用法は周知されているか
- 消火器の使用期限が切れていないか
- 誘導灯が消えたり、隠れていたりしていないか
- 非常ベルは稼動しているか

小規模店舗でも、面積規模によっては定期的な消防設備点検を要する場合もあります。開業時などでは消防点検とともに、避難訓練を実施する場合もあり、それらの確認も必要です。また、その際には各種消防設備の使用法について、詳しく聞いておくことも忘れないようにしましょう。

店舗を開業する際や内装工事を計画する際、また大規模なレイアウト変更を行う際などは、消防法に則った内容かどうか、所轄の消防署に相談しましょう。また、消防法とともに火災予防条例に則った申請が必要な要件もあり、各都道府県での確認が必要です。

これらは地震や火事の際に人命にも関わることです。くれぐれも留意しましょう。

12 バリアフリー新法（旧ハートビル法）

バリアフリー新法は、平成18年に施行された「高齢者、障害者等の移動等の円滑化の促進に関する法律」のことです。高齢者や身体障害者が、安心して移動や利用することができる建築物の推進を目的に制定された法律で、ホテルや百貨店、スーパーマーケットなどの不特定多数の人々が利用する建築物には、出入口やトイレ、階段、エレベーターなどに措置を講じることを推進しています。

具体的には、一定規模以上の建築物の新築や増築計画には、バリアフリー新法に則った設計デザインが義務づけられ、一定規模に満たない飲食店などでも努力義務の対象となっています。これらの基準には、主に次のようなものがあります。

・通路や廊下の幅
・建物や室の出入口通路幅
・エレベーターの寸法

第8章 店舗運営に関わるさまざまな法律の概略

一定規模の店舗にはスロープを設置するなどの義務があります

- トイレの設備
- 点字ブロックの敷設
- 案内表示
- 優先区画付き駐車場
- スロープ幅と傾斜角度
- エレベーター

このように項目は多岐にわたりますが、これらの基準を満たし、認定を受けた建築物には税制上の特例措置や工事費の低利融資、補助制度などが設けられています。

誰にでも気軽に利用できる店舗を目指して、優しい心配りのある店舗デザインを心がけたいものです。詳しい情報は国土交通省などに問い合わせるといいでしょう。

13 身体障害者補助犬法

身体障害者補助犬法は、公共の施設や店舗、交通機関などに、身体障害者が補助犬を同伴できるように制定した法律です。現在ではスーパーやホテル、レストランなどの一般施設にも補助犬の同伴が可能で、入店の拒否などはできなくなっています。「ほじょ犬」の名称でおなじみで、現在約1000頭が活躍しています。ただし、同伴により事業に著しい損害が発生する可能性がある場合はその限りではありません。

なお、身体障害者補助犬とは、法による認定を受けた次の3種のことを指します。これら法による認定を受けた身体障害者補助犬は、認定補助犬の表示が義務づけられています。

・盲導犬……道路上障害物の回避など、目の不自由な人のために訓練された犬
・聴導犬……ブザーなどの音を知らせてくれる、耳の不自由な人のために訓練された犬
・介助犬……エレベーターのボタンを押すなど手足の不自由な人のために訓練された犬

店舗においては「ほじょ犬」の受け入れを徹底することに加え、通路の確保や障害物の

第8章 店舗運営に関わるさまざまな法律の概略

店舗は「ほじょ犬」同伴者の入店を拒むことはできません

撤去、商品の受け渡しその他のサポートを行わなければなりません。また、バリアフリーの認識に加え、これら身体障害者補助犬についてもさらなる理解が求められます。

「ほじょ犬」は、吠えたり噛み付いたりしないよう訓練されている犬です。排泄などもトレーニングされていますので、快く受け入れたいものです。しかし、ペットではないので、触ったり口笛を吹いたりすることは避けましょう。まだまだ頭数も少ないのが現状ですが、詳しい内容や対応法などは厚生労働省や各都道府県に設置されている身体障害者補助犬法の担当窓口、盲導犬訓練施設などの専門機関などで確認しておきましょう。

14 大規模小売店舗立地法（大店立地法）

大規模小売店舗立地法は、大型の小売店を新規開設するときに、交通や騒音、廃棄物などの影響を緩和し、周辺の生活環境との調和を図ることを目的とした法律です。地域に影響を及ぼす可能性がある大型店に対して、住民から意見を述べることもできます。

具体的には、店舗周辺の生活環境や商業その他業務の利便性に配慮するため、次のような指針が定められています。

・駐車場の分散
・駐車待ちスペースの確保
・駐車場必要台数の確保
・出入口の交通整理
・経路の設定
・騒音の発生防止

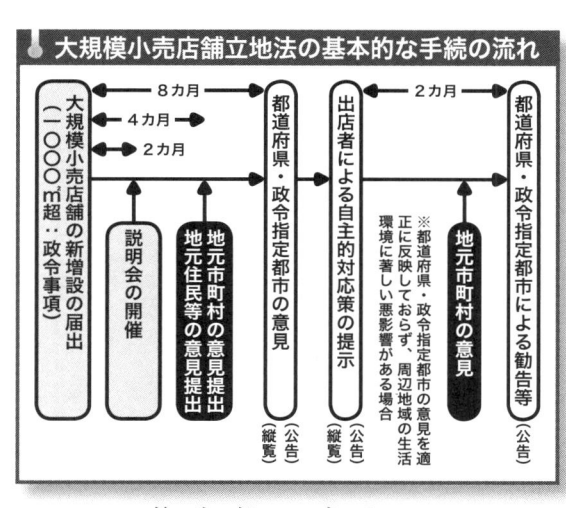

大規模小売店舗立地法の基本的な手続の流れ

```
大規模小売店舗の新増設の届出(一〇〇〇㎡超：政令事項)
  ↓ 2カ月
説明会の開催
  ↓ 4カ月
地元市町村の意見提出
地元住民等の意見提出
  ↓ 8カ月
都道府県・政令指定都市の意見（縦覧）（公告）
  ↓
出店者による自主的対応策の提示（縦覧）
  ↓
地元市町村の意見
※都道府県・政令指定都市の意見を適正に反映しておらず、周辺地域の生活環境に著しい悪影響がある場合
  ↓ 2カ月
都道府県・政令指定都市による勧告等（公告）
```

・廃棄物保管施設の確保
・廃棄物の適正な運搬処理
・街なみづくりへの配慮
・防災防犯対策への協力

以上の指針は店舗面積が1000平方メートルを超える面積が基準となります。(都道府県や政令指定都市に確認してください)。

周辺住民は地域の生活環境保持のために、都道府県や政令指定都市に対して意見書を提出することができます。事業者は説明会を実施するなど、地域住民とのコミュニケーションを円滑に図り、生活環境を脅かすことのないように配慮しなければなりません。

15 暴力団対策法（暴力団新法）

暴力団対策法は、正式名称を「暴力団員による不当な行為の防止等に関する法律」といい、指定暴力団などの団員が威力を示して民事介入暴力などの暴力的要求行為を行うことや、団員に対する依頼などを禁じています。また、事務所において付近住民に不安を与えるような行為も禁じています。

具体的には、次ページの表のような要求行為を禁止しています。

店舗経営においては、このような暴力的または威圧的行為があった場合の対処法も想定しておかなければなりません。いつ、どのような形で暴力団とのトラブルに巻き込まれてしまうかわからないものなので、日頃から周囲とのコミュニケーションと連携を密にとり、情報を共有することをおすすめします。

また、暴力団対策として心がけるべき点としては、次のようなものがあります。

・電話など会話の録音

第8章　店舗運営に関わるさまざまな法律の概略

暴力団対策法で禁止されている要求行為の例

- 個人の事実に対して口止め料を要求する行為
- 寄付金などの名目で金品を要求する行為
- 事業者に対して営業することを容認する代償として、金品を要求する行為
- 乱暴な言動や迷惑な方法による訪問や電話によって債務の履行を要求する行為
- 借金免除または履行の猶予をみだりに要求する行為
- 建物や敷地の所有者に対して明け渡しを要求する行為
- 交通やその他の事故について示談交渉の依頼を受け、損害賠償を要求する行為

- 多人数での対応
- 署名、捺印をしない
- 即答を避ける
- 冷静な対応

その他の対策としては、所轄警察署などで「警察官立寄所」のプレートを入手し、定期巡回を依頼する方法もあります。また、各警察署では事業者援助の一環として「不当要求防止責任者講習制度」が設けられており、不当要求の手口や対応法などを受講することができます。そして、なによりも、不安な点や確認したい事項などがあれば、自己判断で対応してしまうのではなく、最寄りの公安委員会へ相談してみましょう。

16 軽犯罪法

軽犯罪法は、軽微な秩序違反行為に対して、拘留や科料の刑を定めている法律です。刑法が適用されるような犯罪でなくても、日常や社会において、正当な理由なく、人やその他に害が及ぶ可能性のある行為を行うことは、この法律に触れる可能性があります。

軽犯罪法では、現在33の行為が罪として定められています。私たちにとってより身近なものを次に挙げてみます。

・正当な理由なく刃物などを隠して所持すること（多目的ナイフ、カッターナイフなども含まれます）
・飲食店や電車などで、著しく粗野な言動などで他の入場者に迷惑をかけること
・災害時に警察や消防などの協力要請に応じないこと
・公務員の制止を聞かずに音楽やラジオなどを大音量で流し、近隣に迷惑をかけること
・ごみや廃棄物をみだりに捨てること

軽犯罪法

日常や社会において、正当な理由なく、人やその他に害が及ぶ可能性のある行為を行うこと

→ 拘留・科料

- 他人の業務に対して悪戯などで妨害すること
- 他人の家屋や所有物に貼り紙をしたり、汚すこと
- 人を欺いたり、誤解させるような事実を広告すること

店舗においては前記のような行為を未然に防ぐだけでなく、発生した際には他のお客様へ被害が及ばないよう、冷静かつ毅然とした対応が望まれます。

店舗では日々多くの業務をこなさなければなりません。売上や利益を追求するだけでなく、店内の安全と環境を守り、他人や社会に迷惑をかけることのないよう、常に気を配りましょう。

17 迷惑防止条例

迷惑防止条例は、著しく迷惑をかける暴力的行為などを防止し、住民の生活の平穏を保持することを目的とした条例です。各都道府県ごとに制定されており、内容には若干の違いがあります。その時点での社会的問題になった行為を取り締まるために、随時追加修正が加えられており、違反した場合は懲役刑などの罰則規定も設けられています。

この迷惑防止条例で定められている禁止行為は、主に次のとおりです。

- ダフ屋行為の禁止
- ショバ屋行為の禁止
- 落書き行為の禁止
- 盗撮行為の禁止
- 痴漢行為の禁止
- 多人数での威圧的行為の禁止

第8章 店舗運営に関わるさまざまな法律の概略

強引な客引きも迷惑防止条例の対象となります

- つきまとい行為の禁止
- 押し売り行為の禁止
- 不当な客引き行為の禁止
- ピンクビラ配布行為の禁止

このように、迷惑防止条例は、軽犯罪法同様、生活の身近に潜む迷惑な行為を取り締まるためのものです。特に、客引きや客待ちの規制は従来よりも強化されているようです。

また、ビラ配りやポスティングでも、内容によってはこの条例の触れるところとなります。

営業活動においてこれらの行為を行わないのは当然ですが、事業所内その他でこれら行為の被害に遭ったり、もしくは目撃した場合は、速やかに最寄りの警察まで相談したほうがいいでしょう。

18 著作権法

著作権法は、音楽や文芸、写真、イラストなどの著作物を、著作者や著作権者の許諾を得ないで利用した場合に、著作権侵害として著作者や著作権者から損害賠償を請求されたり、刑事罰を受ける旨を定めている法律です。

創作者が著作権を取得するためには、登録などの手続きは必要なく、創作と同時に権利が発生しますので、イメージキャラクターなどを利用する際には注意が必要です。しかし、多くの人々がこのあたりについては無頓着なようです

たとえば、店舗運営においては、BGMや映像を店内で流したり、POPやチラシなどにキャラクターのイラストや写真などを使用するにあたり、著作権者の許可を申請しなければなりません。特に、有名なキャラクターではポーズやセリフなども厳格に規定されており、これらのキャラクターを手書きで書き写したり、オリジナルをコピー機で複写して、POPやチラシなどに転載するのも著作権の侵害に該当します

第8章 店舗運営に関わるさまざまな法律の概略

テレビのキャラクターを無断でチラシなどに使うのは著作権法違反です

現代はインターネットが普及し、多くの情報がデジタルで簡単に入手できるようになりましたが、店内のPOPやホームページやポスター、パンフレット、チラシ、ホームページなどを作成する際にも、従業員がこれら著作物を勝手に使用しないように指導しましょう。

なお、著作権の保護期間は著作物を創作した時点から、著作者の死後50年まで（例外あり）です。著作権の侵害は民事、刑事ともに重い罰則規定が設けられており、有名なキャラクターや作品を流用した宣伝や広告はくれぐれも避けましょう。最近はロイヤルティーフリーで自由に使える写真やイラストが有償無償を問わずたくさん出回っていますので、それらを使用するのも一つの手です。

19 肖像権

肖像権は、アーティストやタレントなどの写真を無断で撮影したり、使用・販売することを規制したものので、対象には一般人も含まれています。現在、肖像権に特化した法律は整備されていませんが、すべての人々に権利として保証されています。

肖像権は、プライバシー権とパブリシティー権に分けられます。写真などを撮られることで精神的苦痛を感じるような場合や、写真にたまたま写りこんでいたものの公表するには抵抗がある場合などは、プライバシー権の侵害として、対象者の許諾が必要になります。

一方、芸能人や有名タレント、スポーツ選手などは自らの写真を公表することが経済的利益をもたらすため、無断で撮影した写真を販売したり、ホームページ上で公開することは営業行為の妨害や財産価値の侵害とみなされ、パブリシティー権の侵害にあたります。

著作権と同様、POPやチラシなどの販促物やホームページでの人物写真の利用は、肖像権に問題がないか確認が必要です。近年、多くのユーザーが利用しているブログに掲載

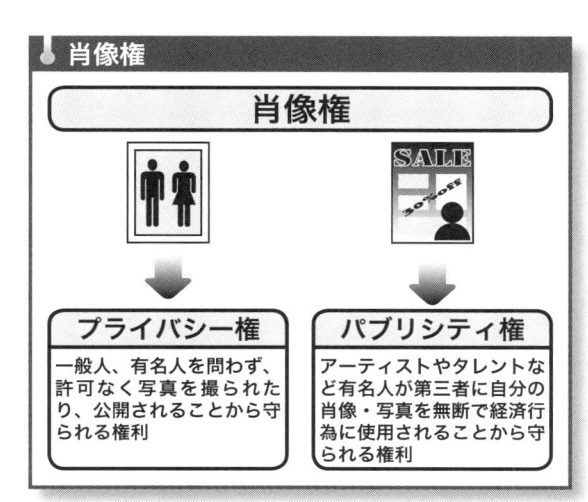

肖像権

```
          肖像権

  [人物アイコン]      [SALEポスター]
       ↓                 ↓
  プライバシー権      パブリシティ権
  一般人、有名人を    アーティストやタレントな
  問わず、許可なく    ど有名人が第三者に自分の
  写真を撮られた      肖像・写真を無断で経済行
  り、公開されるこ    為に使用されることから守
  とから守られる権利  られる権利
```

される写真も注意が必要です。たとえ営利目的ではなかったとしても、公表されて写っている本人が不快と感じるならば、それは肖像権の侵害にあたります。

したがって、店舗や企業のホームページに写真を掲載する場合も、撮影するにあたって人物の写り込みの可能性がある場合は、撮影とその用途についての許諾を得るようにしましょう。もちろんお客様だけでなく、従業員の写真を無断で撮影したり、使用するのも違法です。

とはいえ、肖像権については明確な枠組みもなく、写り込みの度合いや使用目的などにも影響されるため、常識的なモラルが問われる権利と言えるでしょう。

20 商標法

商標とは、自社の社名やブランド、商品またはサービスを他社のものと識別するためのマークです。そして、商標法はこれらの商標を登録することによって他社に使用させないための商標権を獲得するための制度を定めている法律です。

これら商標を特許庁で手続きして登録されたものを「登録商標」と呼び、登録と同時に商標権が発生します。この商標権は独占権利で、同一の商標は日本国内には原則として存在しないことになっています。

商標登録を受けるためには出願書を特許庁に提出して審査を通過する必要があります。

ただ、書類内容など審査によっては登録できないケースや、登録された後も10年ごとに更新の手続きをしなければなりません。また、登録されていても日本国内で3年以上使用されていない商標については、他者から取消しの請求ができます。商標の登録手続きは個人でも可能ですが、登録までにはかなりの時間を要するため、手続き方法や書類作成などの

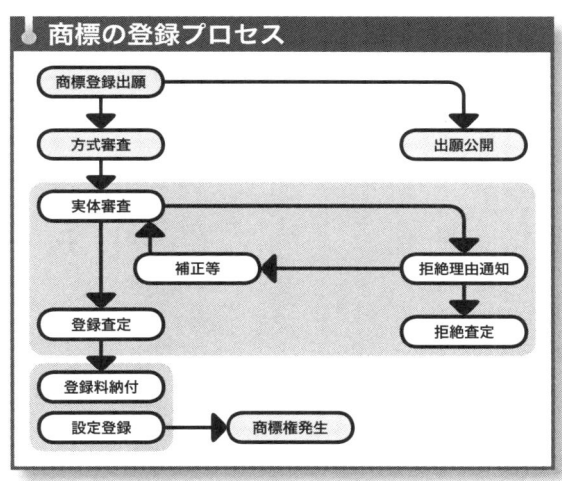

商標の登録プロセス

```
商標登録出願 ──┐
    ↓         │
方式審査       │
    ↓         ↓
実体審査 ←── 出願公開
    ↑
    │    ┌── 拒絶理由通知
    └ 補正等 ←┤
    ↓        └── 拒絶査定
登録査定
    ↓
登録料納付
    ↓
設定登録 ──→ 商標権発生
```

詳細は弁理士などの専門家に問い合わせたほうが無難でしょう。

登録されている商標を他者が店舗名や社名として使用したり、商品名などで流用することは商標権の侵害に該当します。したがって、新たに店舗を立ち上げたり、新商品・新サービスを開発する際は、その店舗名や商品名・サービス名、およびそれらのロゴマークが他者の商標権を侵害していないかどうか、あらかじめ調べておく必要があります。逆に、自分の店舗名や商品名・サービス名、ロゴマークが他者によって侵害されていた場合は、内容証明郵便などによる警告をしたのち、それら侵害行為の差止請求や損害賠償請求などの法的手段をとることができます。

21 不正競争防止法

　不正競争防止法は、市場経済の円滑な機能のために公正な競争を定め、次ページの表に掲げたような不正な行為や不法行為を防ぐために制定された法律です。

　具体的には、一般に広く知られた商品表示に類似した表示をした商品を作ったり、売るなどして市場において消費者を混同させる行為をおこなったり、他人の著名な商品表示を自己の商品表示として使用した行為を行ったり、他人の商品の形態を模倣した商品を作ったり、売ったりする行為を禁じているほか、輸入牛肉を国産牛肉と偽って表示するなど商品の原産地、品質、製造方法などを誤認させるような表示をする行為を禁じています。

　不正競争防止法の保護の対象には、そのほかにも、目に見える形のあるものだけでなく、データや情報などの営業秘密（トレードシークレット）も同様に保護され、不正に取得した顧客データを顧客リストとして使用することも、不正競争防止法に触れるところとなります。たとえば、以前勤めていた会社で特定の人物しか入手できないデータを流用して、

不正競争の類型

① 周知表示混同惹起行為
② 著名表示冒用行為
③ 商品形態模倣行為
④ 営業秘密
⑤ 技術的制限手段に対する不正競争行為
⑥ 不正にドメインを使用する行為
⑦ 原産地等誤認惹起行為
⑧ 競争者営業誹謗行為
⑨ 代理人等商標無断使用行為

営業活動や製品開発、競合他社への開示などを行うことは罰則の対象となります。

さらに、他社と類似するインターネットのドメインを取得し、それを利用して営業活動や宣伝活動を行うことも侵害行為に該当し、不当な競争とみなされる可能性がありますので、ドメイン取得の際には注意が必要です。

商標権同様、自分の店舗名称や会社名、サービス名、商品名、ドメインなどが他者の権利を侵害していないかどうか、あらかじめ充分な確認をしておきましょう。

いずれにしても、混乱を招きかねない店名や会社名、商品名などは詳しく確認のうえ、あらかじめ使用しないほうが望ましいといえるかもしれません。

22 個人情報保護法

個人情報保護法は、事業者が個人情報を扱う際に、守らなければならない義務を定めた法律です。この法律に基づき、個人情報の取得や開示、安全性の確保などが定められ、加えて不正流用防止のため管理を徹底する義務が生じました。個人情報流用の犯罪抑止のために、事業者は細心の注意を払わなければなりません。

具体的には、5000名以上の個人データを所有した事業者が対象となっていますが、小規模事業でもお客様のプライバシーを侵害する可能性があるため、個人情報保護の意識は常に持つべきでしょう。

現在ではインターネットの普及やサービスの高度化に伴い、あらゆる情報が簡単に入手できるようになりました。また、店舗においては、顧客名簿の作成やポイントカードなどのメンバーカードの発行、予約制の導入などで、個人情報を扱う機会が多く存在します。

そこで、入手したお客様の情報は厳重に管理し、顧客情報の流出やデータ漏洩などが発生

第8章　店舗運営に関わるさまざまな法律の概略

使用目的を明確にしたアンケートの例

お客様アンケート

毎度お引き立ていただきありがとうございます。（略）ご協力よろしくお願いいたします。

ご記入いただいた個人情報は、今後のお客様への①アフターサービス、②商品の発送、③新製品やイベントのご案内などに使用させていただきます。ぜひご協力のほどお願い申し上げます。

①氏名：
②性別：　　　　男・女
③年齢：　　　　才
④住所：
⑤電話番号：
⑥メールアドレス：

しないよう徹底することが求められます。

また、アンケートなどを行って顧客の個人情報を集める場合は、上記の例のように必ず使用目的を明確にした上で、回答してもらうようにしなくてはなりません。

個人情報は紙ベースで保管する際はもちろん、パソコン内や外部のデータベースに保存しておく際にも細心のセキュリティ対策が必要です。

また、従業員を新規に採用する際には、入社時にあらかじめ個人情報の取扱いに関する説明を行い、双方納得の上で契約を交わすようにしましょう。

■監修者紹介
小澤和彦（おざわ・かずひこ）
1994年早稲田大学政治経済学部経済学科中退後、特許事務所勤務。ソフトウェア会社勤務を経て、1997年弁理士試験合格、1999年特許事務所設立。2003年司法試験合格。現在、第二東京弁護士会所属、弁護士（ひかり総合法律事務所）。
業務分野は、おもに企業法務、知的財産。著書に、『新・会社法で会社と仕事はどうなる？』（弘文堂）、『Q＆A 新会社法の定款変更手続き』（総合法令出版）がある。

■執筆協力（第8章）
福山幸一（ふくやま・こういち）
街のサービス評論家。店舗運営管理業務に携わる傍ら、マネジメントや接客・サービス分野での支援事業を展開。接客・サービス業の「お店」と「人」の応援サイト「いいサービス.com」代表管理人。

通勤大学文庫
図解法律コース5
店長のための法律知識

2008年5月2日　初版発行

監　修　　小澤和彦
編　者　　総合法令出版
発行者　　仁部　亨
発行所　　**総合法令出版株式会社**
　　　　　〒107−0052　東京都港区赤坂1-9-15
　　　　　　　　　　　　日本自転車会館2号館7階
　　　　　電話　03-3584-9821
　　　　　振替　00140-0-69059
印刷・製本　**中央精版印刷株式会社**
ISBN 978-4-86280-067-1

Ⓒ SOGO HOREI PUBLISHING CO.,LTD. 2008 Printed in Japan
落丁・乱丁本はお取替えいたします。

総合法令出版ホームページ　http://www.horei.com